Mistrzostwo ciasta francuskiego

Ponad 100 pysznych przepisów, które ulepszą Twoją grę w pieczenie. Od klasycznych rogalików po nowoczesne zwroty akcji – zaimponuj swoim gościom idealnie kruchymi ciastami

Aleks Piotrowski

Prawa autorskie ©2023

Wszelkie prawa zastrzeżone

Bez odpowiedniej pisemnej zgody wydawcy i właściciela praw autorskich tej książki nie można używać ani rozpowszechniać w żaden sposób, w żadnym kształcie ani formie, z wyjątkiem krótkich cytatów użytych w recenzji. Niniejsza książka nie powinna być traktowana jako substytut porady lekarskiej, prawnej lub innej porady zawodowej.

SPIS TREŚCI

SPIS TREŚCI 3

WSTĘP 7

ŚNIADANIE I BRUNCH 8

   1. Brunch Puff Z Sosem Kiełbasowym 9

   2. Jajka na śniadanie 12

   3. Galettes z czerwoną papryką i pieczonymi jajkami 14

   4. Tarty z dmuchanymi jajkami 17

   5. Zdekonstruowany Quiche Lorraine 19

   6. Rogaliki z Nutellą i Bananem 21

   7. Rogaliki S'mores 23

   8. Roladki z kiełbasą whisky 25

   9. Rogaliki żurawinowo-pomarańczowe 27

   10. Rogaliki ananasowe 29

   11. Rogaliki śliwkowe 31

   12. Rogaliki brie i jabłko 33

   13. Croissanty do pizzy 35

PRZYSTAWKI I PRZEKĄSKI 37

   14. Łatwe wiatraczki owocowe 38

   15. Wiatraczki z mango i kiełbasą 40

   16. Gruszki z ciasta francuskiego 42

   17. Wiatraczki cynamonowo-jabłkowe 45

   18. Serowe pesto i oliwkowe wiatraczki 47

   19. Wiatraczki z parmezanem i pesto 49

   20. Tandetne kółeczka z ciasta francuskiego z grzybami 51

   21. Pikantne kołatki prosciutto 54

22. Wiatraczki z ciasta francuskiego z tuńczykiem 56
23. Pałeczki sera dmuchanego z parmezanem i papryką 59
24. Małe świnki w hamaku 61
25. Wiatraczki ze szpinakiem karczochowym 63
26. Zakręty tiramisu 65
27. Przekąski z serem pleśniowym i orzechami włoskimi 67
28. Ciastka jabłkowe 69
29. Twisty z ciasta Nutella 71
30. Ciasteczka z orzechami laskowymi Nutella 73
31. Bułeczki z ciasta francuskiego Nutella 75
32. Ciasto francuskie Nutella z orzechami laskowymi 77
33. Chrupki rzodkiewkowe z mikromiseczkami musztardowymi 79
34. Słodkie zwroty akcji w frytkownicy 81
35. Obroty Apple 83
36. Cytrynowe słodkie zwroty akcji 85
37. Wiatraczki z boczkiem smażonym na powietrzu 87
38. Skrętki z sera i szynki 89
39. Duński serek jagodowy 91
40. Ciasto francuskie Roladki Kiełbasy 93
41. Twisty czekoladowo-orzechowe 95
42. Wiatraczki jabłkowo-cynamonowe 97

SIEĆ ELEKTRYCZNA 99

43. Gulasz wołowy z ziołami i ciastem francuskim 100
44. Szybkie empanady ziemniaczane pinto 103
45. Pizza Caprese z podpłomykiem 105
46. Roladki z kiełbasy jagnięcej z jogurtem harissa 107
47. Polędwiczka wieprzowa z pieczonym ciastem francuskim 109
48. Seitan En Croute 111
49. Ciasto garnkowe w stylu libańskim 114

50. Ciasto z kurczakiem 116
51. Wellington wołowy 118
52. Wellington z łososiem 120
53. Ciasto warzywne 122

DESER **124**

54. Otwarte ciasto ze szpinakiem i pesto 125
55. Mieszane tartaletki grzybowe 127
56. Strudel jabłkowy w karmelu 129
57. Kubeczki z musem czekoladowo-orzechowym 132
58. Błazen Napoleona 134
59. Balsamiczna tarta z brzoskwiniami i brie 136
60. Tarta z cebulą i prosciutto 138
61. Zapiekanka Smores 140
62. Burki 143
63. Tarta klonowo-gruszkowa Tatin 146
64. Tarty serowe z gruszką Baileys 149
65. Marynowane krewetki Tarta czosnkowa 152
66. Tarta z buraków, tymianku i koziego sera 155
67. Strudel grzybowy 158
68. Szynka szwarcwaldzka i tarta Gruyere 160
69. Tarty z dżemem wiśniowym 162
70. Ciastka bananowe z Nutellą 165
71. Tarta z pieczonych buraków i koziego sera 167
72. Ciasto z wołowiną Aleksandra Hamiltona 169
73. Tarta z krewetkami, cebulą i pomidorami 171
74. Tarta z orzeszkami piniowymi 174
75. Tarta tatin z jabłkami i rodzynkami 176
76. Tarta z leśnymi grzybami i kozim serem 178
77. Tarta z leśnymi grzybami i pecorino 181

78. Tarty jabłkowe z syropem 183

79. Grillowana tarta z zieloną cebulą 185

80. Wiosenna tarta z mikroliściem 187

81. Mazurek z kremem czekoladowym 189

82. Wakacyjna szarlotka 191

83. AustraliaNPływak do ciasta 194

84. PolskiKremówka Papieska 197

85. Strudel bananowo-orzechowy 200

86. Ciasto gruszkowo-borówkowe 202

87. Ciasto jabłkowo-cynamonowe 204

88. Ciasto morelowe i żurawinowe 206

89. Ciasto ze stekiem i cebulą 208

90. Chrupki ze szpinakiem i fetą 211

91. Chrupki z szynką i serem 213

92. Chrupki grzybowo-cebulowe 215

93. Obroty Apple 217

94. Tarta Wiśniowo-Pomidorowa 219

95. Tartaletki z jabłkami i brie 221

96. Tarta ze szparagami i parmezanem 223

97. Tarta z grzybami i kozim serem 225

98. Obrót wiśniami i migdałami 227

99. Tarta z karmelizowaną cebulą i Gruyere 229

100. Galette z pesto i pomidorami 231

WNIOSEK 234

WSTĘP

Witamy w świecie ciasta francuskiego, gdzie królują kruche warstwy i maślana dobroć. Niezależnie od tego, czy jesteś doświadczonym cukiernikiem, czy domowym piekarzem, który chce ulepszyć swoje umiejętności, w tej książce kucharskiej każdy znajdzie coś dla siebie. Dzięki ponad 100 przepisom, od klasycznych rogalików po nowoczesne akcenty, nauczysz się tworzyć imponujące wypieki, które zachwycą Twoją rodzinę i gości.

Przygotuj się do opanowania sztuki laminowanego ciasta, sekretu doskonałego ciasta francuskiego. Od pikantnych tart po słodkie przysmaki – w tej książce kucharskiej znajdziesz przepisy na każdą okazję. Zaskocz swoich gości na brunchu pikantnymi bułeczkami z kiełbasą, podnieś poziom swojej przekąski eleganckimi słomkami serowymi lub rozkoszuj się słodką i dekadencką duńską czekoladą i orzechami laskowymi.

Nasze przepisy są łatwe do wykonania, a dołączyliśmy instrukcje krok po kroku i zdjęcia, które poprowadzą Cię przez cały proces. Dowiesz się, jak tworzyć kruche, maślane warstwy, które z pewnością zaimponują nawet najbardziej wymagającym miłośnikom ciast.

Niezależnie od tego, czy jesteś fanem klasycznych francuskich wypieków, czy szukasz nowoczesnych wariacji na temat klasyki, w tej książce kucharskiej znajdziesz wszystko, czego potrzebujesz, aby zostać mistrzem ciasta francuskiego.

ŚNIADANIE I BRUNCH

1. Brunch Puff Z Sosem Kiełbasowym

Porcja: 9 porcji

SKŁADNIKI

- 7 dużych jaj, do użytku podzielonego
- 1/4 szklanki 2% mleka
- 1/4 łyżeczki soli
- 1/4 łyżeczki plus 1/8 łyżeczki pieprzu, podzielone
- 1 łyżka masła
- 1 łyżka wody
- 1 opakowanie (17,3 uncji) mrożonego ciasta francuskiego, rozmrożone
- 8 uncji szynki delikatesowej w plasterkach (o grubości 1/4 cala)
- 1 szklanka startego sera cheddar

KIEŁBASA SOS:
- 3/4 funta Jones Bez Cukru Kiełbasa Wieprzowa Rolada
- 1 koperta Mieszanka sosu wiejskiego

INSTRUKCJE

a) Ustaw piekarnik na rozgrzanie do 400 stopni. W małej misce wymieszaj 1/4 łyżeczki pieprzu, soli, mleka i 6 jajek, aż składniki się połączą.

b) Rozgrzej masło na dużej patelni z powłoką nieprzywierającą pokrytą sprayem kuchennym na średnim ogniu. Wlać mieszaninę jajek i gotować, mieszając, aż przestanie być płynne jajo i jajka staną się gęste. Wyjmij go z ognia.

c) W małej misce ubij pozostałe jajko z wodą. Rozłóż 1 arkusz ciasta francuskiego na lekko posypanej mąką powierzchni i rozwałkuj go na kwadrat o boku 10 cali. Przenieść na blachę wyłożoną papierem do pieczenia. Na cieście rozłóż szynkę w odległości 1-cala od krawędzi i połóż na niej jajecznicę. Posyp serem na wierzchu.

d) Brzegi ciasta posmaruj roztrzepaną masą jajeczną. Resztę ciasta francuskiego rozwałkuj na kwadrat o boku 10 cali i połóż na wierzchu nadzienia.

e) Za pomocą widelca dociśnij krawędzie, aby je zamknąć, a następnie wykonaj nacięcia na górze. Posmaruj dodatkową mieszanką jajek na wierzchu i posyp resztą pieprzu.
f) Pozwól mu piec, aż zmieni kolor na złotobrązowy lub przez 20 do 25 minut.
g) W międzyczasie kiełbasę smażymy na dużej patelni przez 6-8 minut na średnim ogniu lub do momentu, aż przestanie być widoczny różowy kolor i pokruszymy ją na kawałki. Wyjmij go łyżką cedzakową i pozostaw do ostygnięcia na ręcznikach papierowych. Usuń zacieki i w razie potrzeby wytrzyj patelnię do czysta.
h) Przygotuj mieszankę sosów zgodnie z instrukcjami na opakowaniu na tej samej patelni. Wymieszaj kiełbasę. Podawać z ciastem.

2. Jajka na śniadanie

Sprawia: 4

SKŁADNIKI
- 250 g gotowego ciasta francuskiego
- 4 jaja z wolnego wybiegu
- 2 pieczarki pokrojone w plasterki
- 6-8 plasterków wędzonego boczku
- Pomidor Wiśniowy
- Świeży tymianek
- Suszone wędzone płatki chilli
- Garść startego sera według uznania

INSTRUKCJES
a) Najpierw poczekaj, aż piekarnik ostygnie, aż osiągnie temperaturę około 180°C.
b) Ciasto francuskie pokroić na cztery kwadraty i ułożyć na blaszce wyłożonej papierem do pieczenia, przeznaczonej do pieczenia w wysokiej temperaturze.
c) Piec przez 10 minut lub do czasu, aż ciasto spęcznieje i zacznie nabierać złocistobrązowego koloru.
d) Podsmaż swój bekon. Gdy boczek zacznie się smażyć, dodaj grzyby i odrobinę oliwy z oliwek.
e) Po wyjęciu ciast z pieca opalanego drewnem dociśnij środek każdego z nich, aby lekko podnieść boki.
f) Na wierzchu ułóż bekon i grzyby, a następnie obficie posyp serem. Jeśli masz odwagę, dodaj kilka pomidorków koktajlowych po bokach.
g) W piekarniku opalanym drewnem wbij jajko na środek każdego ciasta i piecz przez kolejne 10-15 minut.
h) Gdy jajka będą gotowe, zdejmij je z patelni i ciesz się pysznym śniadaniem!

3. Galettes z czerwoną papryką i pieczonymi jajkami

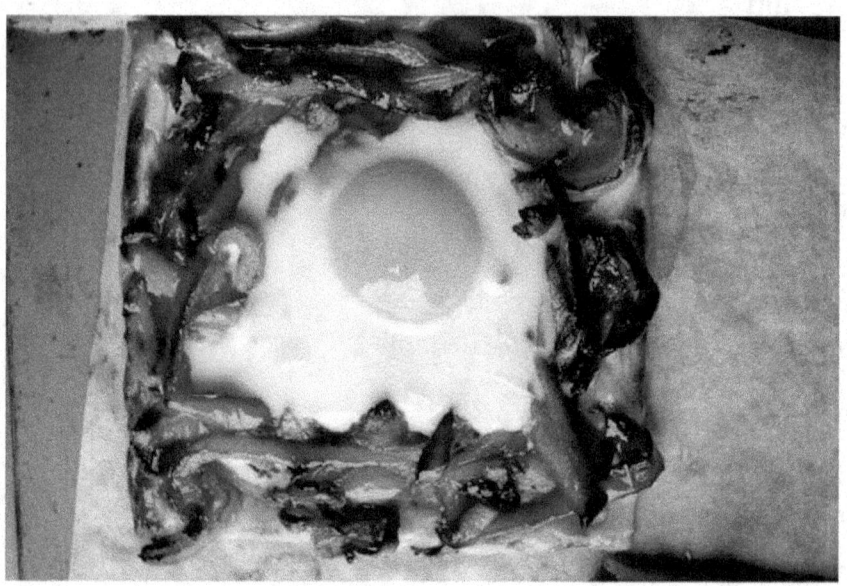

Sprawia: 4

SKŁADNIKI
- 4 średnie czerwone papryki, przekrojone na pół, pozbawione nasion i pokrojone w paski o szerokości 1 cm
- 3 małe cebule przekrojone na pół i pokrojone w kliny o szerokości 2 cm
- 4 gałązki tymianku, liście zebrane i posiekane
- 1 ½ łyżeczki mielonej kolendry
- 1 ½ łyżeczki mielonego kminku
- 6 łyżek oliwy z oliwek plus trochę do wykończenia
- 1 ½ łyżki liści pietruszki płaskolistnej, grubo posiekanych
- 1 ½ łyżki liści kolendry, grubo posiekanych
- 250 g najwyższej jakości ciasta francuskiego maślanego
- 2 łyżki / 30 g kwaśnej śmietany
- 4 duże jajka z wolnego wybiegu (lub 160 g pokruszonego sera feta) plus 1 lekko ubite jajko
- sól i świeżo zmielony czarny pieprz

INSTRUKCJE
a) Rozgrzej piekarnik do 210°C/400°F. W dużej misce wymieszaj paprykę, cebulę, liście tymianku, mielone przyprawy, oliwę z oliwek i dużą szczyptę soli. Rozłóż na blasze do pieczenia i piecz przez 35 minut, mieszając kilka razy w trakcie gotowania. Warzywa powinny być miękkie i słodkie, ale nie zbyt chrupiące ani brązowe, ponieważ będą się dalej gotować. Wyjmij z piekarnika i wymieszaj z połową świeżych ziół. Dopraw do smaku i odłóż na bok. Rozgrzej piekarnik do 220°C.

b) Na lekko posypanej mąką powierzchni rozwałkuj ciasto francuskie na kwadrat o boku 30 cm i grubości około 3 mm i pokrój na cztery kwadraty o średnicy 15 cm. Kwadraty nakłuwamy widelcem i układamy w odpowiednich odstępach na blasze wyłożonej papierem do pieczenia. Odstawić do lodówki na co najmniej 30 minut.

c) Wyjmij ciasto z lodówki i posmaruj wierzch i boki roztrzepanym jajkiem. Używając szpatułki lub tylnej części łyżki, rozprowadź 1½ łyżeczki kwaśnej śmietany na każdym kwadracie, pozostawiając margines o szerokości 0,5 cm wokół krawędzi. Ułóż 3 łyżki mieszanki pieprzowej na wierzchu kwadratów pokrytych kwaśną śmietaną, pozostawiając brzegi wolne do wyrośnięcia. Należy go rozprowadzić dość równomiernie, ale pozostawić pośrodku płytkie wgłębienie, w którym później zmieści się jajko.
d) Piec galettes przez 14 minut. Wyjmij blachę do pieczenia z piekarnika i ostrożnie wbij całe jajko w zagłębienie pośrodku każdego ciasta. Wróć do piekarnika i piecz przez kolejne 7 minut, aż jajka się zetną. Posyp czarnym pieprzem i pozostałymi ziołami i skrop oliwą.
e) Podawać na raz.

4. Tarty z dmuchanymi jajkami

Porcje: 4

SKŁADNIKI

- ½ mrożonego ciasta francuskiego, rozmrożonego
- ¾ szklanki sera Cheddar, startego
- 4 duże jajka
- 1 łyżka świeżej natki pietruszki, posiekanej

INSTRUKCJE

a) Rozłóż arkusz ciasta na posypanej mąką powierzchni i pokrój go na 4 kwadraty jednakowej wielkości.
b) Umieść cztery kwadraty w płycie SearPlate w cyfrowej frytkownicy Ninja Foodi.
c) Przenieś talerz SearPlate do cyfrowej frytkownicy Ninja Foodi i zamknij drzwiczki.
d) Wybierz tryb „Air Fry", obracając pokrętło.
e) Naciśnij przycisk TEMP/SHADE i zmień wartość na 300°F.
f) Naciśnij przycisk CZAS/PLASTERKI i zmień wartość na 10 minut, a następnie naciśnij przycisk Start/Stop, aby rozpocząć gotowanie.
g) Naciśnij środek każdego kwadratu ciasta tyłem metalowej łyżki.
h) Podziel ser na wgłębienia i wbij po jednym jajku do każdego ciasta.
i) Wróć do piekarnika i zamknij drzwiczki piekarnika.
j) Obróć pokrętło, aby wybrać tryb „Air Fry".
k) Nacisnąć przycisk CZAS/PLASTERKI i ponownie za pomocą pokrętła ustawić czas gotowania na 11 minut.
l) Teraz naciśnij przycisk TEMP/SHADE i obróć pokrętło, aby ustawić temperaturę na 350 °F.
m) Udekoruj kwadraty natką pietruszki.
n) Podawać na ciepło.

5. Zdekonstruowany Quiche Lorraine

Porcje: 4

SKŁADNIKI

- 3 duże jajka
- 3 plasterki boczku, podsmażone i posiekane
- 4 uncje sera Gruyere, posiekanego
- ½ szklanki zwykłego jogurtu greckiego
- 2 łyżki posiekanego świeżego szczypiorku, plus dodatkowa ilość do dekoracji. Szczypta gałki muszkatołowej
- ½ łyżeczki soli
- 1 łyżeczka pieprzu
- 1 arkusz schłodzonego ciasta francuskiego

INSTRUKCJE

a) Za pomocą foremki do ciastek pokrój ciasto francuskie w krążki. Piec zgodnie z INSTRUKCJĄ na opakowaniu na złoty kolor.
b) Rozgrzej łaźnię wodną do 165 °F
c) Jajka ubić, następnie dodać jogurt, szczypiorek, gałkę muszkatołową, sól i pieprz. Wymieszać z boczkiem i serem. Wlej masę jajeczną do torebki i zamknij ją wodą. INSTRUKCJE. Mieszanka jajeczna powinna zebrać się na dnie torebki.
d) Włóż torbę do wanny. Gotuj przez 20 minut, następnie wyjmij.
e) Delikatnie wyjmij ugotowane jajko na deskę do krojenia. Za pomocą tej samej foremki do ciastek, której użyłeś do krojenia ciasta, wytnij z jajka krążki. Na każdym krążku ciasta umieść jedną rundę jajka. Posypać szczypiorkiem.

6. Croissanty z Nutellą i Bananem

SKŁADNIKI

1 arkusz ciasta francuskiego, rozmrożonego
1/4 szklanki Nutelli
1 banan, pokrojony w cienkie plasterki
1 jajko, ubite
Cukier puder, do posypania

INSTRUKCJE

Rozgrzej piekarnik do 200°C (400°F).
Na lekko posypanej mąką powierzchni rozwałkuj arkusz ciasta francuskiego na kwadrat o boku 12 cali.
Kwadrat pokroić na 4 mniejsze kwadraty.
Na każdym kwadracie rozsmaruj łyżkę Nutelli, zostawiając niewielki margines na krawędziach.
Na wierzchu Nutelli połóż kilka plasterków banana.
Zwiń każdy kwadrat od jednego rogu do przeciwległego, tworząc kształt rogalika.
Rogaliki układamy na blasze wyłożonej papierem do pieczenia.
Posmaruj rogaliki roztrzepanym jajkiem.
Piec 15-20 minut, aż rogaliki nabiorą złotego koloru i napęcznieją.
Przed podaniem posypujemy cukrem pudrem.

7. Rogaliki S'mores

SKŁADNIKI

1 arkusz ciasta francuskiego, rozmrożonego
1/4 szklanki Nutelli
1/4 szklanki mini pianek marshmallow
1/4 szklanki okruszków krakersów graham
1 jajko, ubite
Cukier puder, do posypania

INSTRUKCJE

Postępuj zgodnie z instrukcjami dotyczącymi rogalików z nutellą i bananami, ale pokrojonego banana zastąp mini piankami marshmallow i okruszkami krakersów graham. Przed podaniem posypujemy cukrem pudrem.

8. Roladki z kiełbasą whisky

SKŁADNIKI:
1 funt kiełbasy śniadaniowej
1/4 szklanki whisky
1/4 szklanki bułki tartej
1/4 szklanki posiekanej natki pietruszki
1 łyżeczka czosnku w proszku
Sól i pieprz do smaku
1 arkusz ciasta francuskiego, rozmrożonego

INSTRUKCJE:
Rozgrzej piekarnik do 200°C (400°F).

W misce wymieszaj kiełbaskę śniadaniową, whisky, bułkę tartą, natkę pietruszki, proszek czosnkowy, sól i pieprz.

Rozwałkuj arkusz ciasta francuskiego na posypanym mąką blacie i pokrój na 8 równych prostokątów.

Podziel masę kiełbasianą na 8 porcji i z każdej uformuj kiełbaskę.

Każdą kiełbaskę ułożyć na prostokącie z ciasta francuskiego i zwinąć, sklejając brzegi.

Połóż bułki z kiełbasą na blasze do pieczenia i piecz przez 20–25 minut lub do momentu, aż będą złocistobrązowe i ugotowane.

Podawać na gorąco.

9. Rogaliki żurawinowe i pomarańczowe

SKŁADNIKI

1 arkusz ciasta francuskiego, rozmrożonego
1/4 szklanki sosu żurawinowego
1/4 szklanki marmolady pomarańczowej
1/4 szklanki posiekanych migdałów
1 jajko, ubite
Cukier puder, do posypania

INSTRUKCJE

Rozgrzej piekarnik do 190°C (375°F).
Na lekko posypanej mąką powierzchni rozwałkuj ciasto francuskie na duży prostokąt. Ciasto pokroić na 4 równe trójkąty.
W misce wymieszaj sos żurawinowy, marmoladę pomarańczową i posiekane migdały.
Nałóż łyżkę mieszanki na najszerszą część każdego trójkąta. Zwiń rogaliki od najszerszego końca w kierunku wierzchołka.
Rogaliki układamy na blaszce wyłożonej papierem do pieczenia i smarujemy roztrzepanym jajkiem.
Piec 15-20 minut, aż rogaliki będą złocistobrązowe i chrupiące.
Przed podaniem posypujemy cukrem pudrem.

10. Croissanty Ananasowe

SKŁADNIKI

1 arkusz ciasta francuskiego, rozmrożonego
1 puszka pokruszonego ananasa, odsączonego
1/4 szklanki brązowego cukru
1/4 szklanki niesolonego masła, roztopionego
1 jajko, ubite
Cukier puder, do posypania

INSTRUKCJE

Rozgrzej piekarnik do 190°C (375°F).
Na lekko posypanej mąką powierzchni rozwałkuj ciasto francuskie na duży prostokąt. Ciasto pokroić na 4 równe trójkąty.
W misce wymieszaj pokruszony ananas, brązowy cukier i roztopione masło.
Na najszerszą część każdego trójkąta nałóż łyżkę mieszanki ananasowej. Zwiń rogaliki od najszerszego końca w kierunku wierzchołka.
Rogaliki układamy na blasze wyłożonej papierem do pieczenia i smarujemy roztrzepanym jajkiem.
Piec 15-20 minut, aż rogaliki będą złocistobrązowe i chrupiące.
Przed podaniem posypujemy cukrem pudrem.

11. Rogaliki śliwkowe

SKŁADNIKI

1 arkusz ciasta francuskiego, rozmrożonego
4-5 śliwek pokrojonych w cienkie plasterki
2 łyżki miodu
1/4 szklanki mąki migdałowej
1 jajko, ubite
Cukier puder, do posypania

INSTRUKCJE

Rozgrzej piekarnik do 190°C (375°F).
Na lekko posypanej mąką powierzchni rozwałkuj ciasto francuskie na duży prostokąt. Ciasto pokroić na 4 równe trójkąty.
W misce wymieszaj pokrojone śliwki, miód i mąkę migdałową.
Na najszerszą część każdego trójkąta nałóż łyżkę mieszanki śliwkowej. Zwiń rogaliki od najszerszego końca w kierunku wierzchołka.
Rogaliki układamy na blaszce wyłożonej papierem do pieczenia i smarujemy roztrzepanym jajkiem.
Piec 15-20 minut, aż rogaliki będą złocistobrązowe i chrupiące.
Przed podaniem posypujemy cukrem pudrem.

12. Rogaliki Brie i Jabłka

SKŁADNIKI

1 arkusz ciasta francuskiego, rozmrożonego
4 uncje sera brie, pokrojonego w plasterki
1 jabłko, pokrojone w cienkie plasterki
1 jajko, ubite
Miód, do posypania

INSTRUKCJE

Postępuj zgodnie z instrukcją dla klasycznych rogalików czekoladowych (przepis 1), ale posiekaną czekoladę zastąp serem brie i pokrojonym jabłkiem. Przed podaniem skrop miodem.

25 minut, aż uzyska złoty kolor.

13. Croissanty do pizzy

SKŁADNIKI

1 arkusz ciasta francuskiego, rozmrożonego
1/2 szklanki sosu do pizzy
1/2 szklanki startego sera mozzarella
1/4 szklanki pokrojonej pepperoni
1 jajko, ubite
Przyprawa włoska, do posypania

INSTRUKCJE

Postępuj zgodnie z instrukcjami dla klasycznych rogalików czekoladowych (przepis 1), ale posiekaną czekoladę zastąp sosem do pizzy, startym serem mozzarella i plasterkami pepperoni. Przed pieczeniem posypujemy przyprawą włoską.

PRZYSTAWKI I PRZEKĄSKI

14. Łatwe owocowe wiatraczki

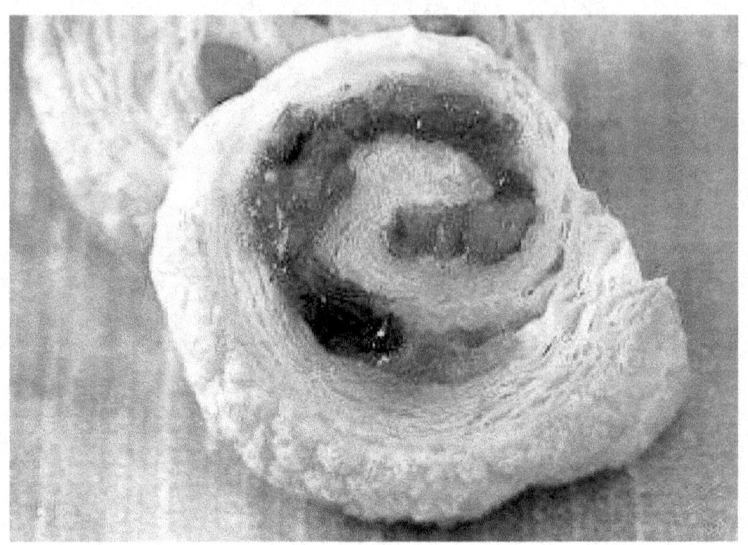

Na: 1 porcję

SKŁADNIKI
- 1 arkusz mrożonego ciasta francuskiego; rozmrożone
- ½ szklanki) cukru; (o)
- ½ szklanki dżemu lub konfitury; (o)

INSTRUKCJE:
a) Rozgrzej piekarnik do 400F. Rozwałkuj arkusz ciasta na powierzchni roboczej, aby usunąć zagniecenia.
b) Posmaruj ciasto wodą. Zaczynając od 1 brzegu, zwiń ciasto ciasno w sposób przypominający galaretkę.
c) Pokrój ciasto w obfite krążki o grubości ¼ cala.
d) Umieść cukier na talerzu i wciśnij 1 rundę do cukru. Ułożyć na blasze do pieczenia, stroną z cukrem do góry, wkładając koniec pod spód. Powtórzyć z pozostałymi krążkami ciasta. Naciśnij środek okrągłości palcem, aby utworzyć małe zagłębienie.
e) Do zagłębienia włóż 1 łyżeczkę dżemu. Posyp ciasta dodatkowym cukrem.
f) Piecz ciasta na złoty kolor, około 20 minut. Schłodzić na stojakach.

15. Wiatraczki z mango i kiełbasą

Na: 12 porcji

SKŁADNIKI
- 500 g mielonej kiełbasy
- 36 liści szpinaku baby
- 185 g chutneyu z mango i chili
- 1 mała cebula pokrojona w drobną kostkę
- Opcjonalnie 1 łyżeczka przyprawy marokańskiej
- 1 szczypta soli i pieprzu
- 3 arkusze ciasta francuskiego
- 1 łyżka mleka

INSTRUKCJE:
a) Połącz cebulę, chutney z mango, mieloną kiełbasę, sól, pieprz i przyprawę marokańską w średniej misce.
b) Rozłóż na arkuszach ciasta, pozostawiając niewielką szczelinę na drugim końcu.
c) Przykryj mięso warstwą liści szpinaku baby.
d) Zwiń ciasto od najbliższego brzegu. Przesuń pędzelkiem zamoczonym w mleku wzdłuż dalszej krawędzi, aby zwinąć ciasto w kształt długiej kiełbasy.
e) Pokrój na 12 plasterków i ułóż je płasko na natłuszczonej blasze.
f) Piec w temperaturze 180°C przez 12-15 minut, aż będzie ugotowane.

16. Gruszki z ciasta francuskiego

Tworzy: 25 wiatraczków

SKŁADNIKI
- 1 arkusz ciasta francuskiego rozmrożonego
- ⅔ szklanki gruszki pokrojonej w bardzo małą kostkę
- ¼ szklanki sera Asiago Ja używam pieprzowego sera Asiago, posiekanego
- ⅛ szklanki drobno posiekanych pistacji
- ⅛ szklanki drobno posiekanej suszonej żurawiny
- Opcjonalnie ½ łyżeczki rozmarynu
- 1 jajko, ubite
- ½ łyżeczki soli morskiej

INSTRUKCJE:

a) Na posypanej mąką powierzchni rozłóż rozmrożone ciasto francuskie i rozwałkuj na większy kwadrat, głównie po to, aby cieńszy był arkusz ciasta.

b) Na dużej desce do krojenia przygotuj nadzienie. Gruszkę przekrój na pół i usuń rdzeń. Gruszkę pokroić w cienkie plasterki, następnie pokroić je w paski, a następnie pokroić w kostkę.

c) Za pomocą tarki zetrzyj ser na tarce lub możesz użyć sera startego.

d) W małej misce ubij jajko. Posmaruj ciasto całym nadzieniem. Pozostaw jeden dłuższy bok ciasta bez nadzienia i posmaruj roztrzepanym jajkiem.

e) Zacznij wałkować ciasto na składnikach, tworząc ciasny rulon. Brzegi sklej roztrzepanym jajkiem.

f) Rozgrzej piekarnik do 400° F, podczas gdy ciasto się chłodzi.

g) Zawiń polana w folię i schładzaj w lodówce przez godzinę. Lub w tym momencie możesz zamrozić te bułki na kilka miesięcy.

h) Po wystudzeniu ciasto pokroić w plasterki. Ja pokroiłam na ½-calowe plastry. Ułożyłam na blaszce wyłożonej silikonową matą do pieczenia. Posmarowałam wierzch rozmąconym jajkiem i posypałam solą.

i) Piecz ciasta przez 17-20 minut, aż uzyskają lekko złocisty kolor.

j) Te wypieki najlepiej smakują na ciepło.

k) Resztki ciasta przechowuj w szczelnym pojemniku.

17. Cynamonowo-Jabłkowe Wiatraczki

Tworzy: 14 wiatraczków

SKŁADNIKI
- 1 arkusz maślanego ciasta francuskiego
- 1 łyżeczka mielonego cynamonu
- 2 łyżki cukru
- 1 jabłko do gotowania

INSTRUKCJE:
a) Rozgrzej piekarnik do 200 stopni C (390 F).
b) Wyjąć ciasto z zamrażarki i rozmrozić.
c) Blachę do pieczenia wyłóż papierem do pieczenia.
d) W małej misce wymieszaj cukier i cynamon.
e) Obierz jabłko i wydrąż środek. Pokrój w małą kostkę, około ½ cm (⅕ cala).
f) Ciasto wyłóż na blachę do pieczenia, posyp cukrem cynamonowym i pokrojonym w drobną kostkę jabłkiem.
g) Powoli zacznij zwijać ciasto od końca najbliższego Tobie. Kontynuuj walcowanie do przodu, w miarę mocno, aż dojdziesz do końca rolki.
h) Roladę owinąć folią spożywczą i schłodzić przez około 30 minut, aby łatwiej było ją kroić.
i) Odetnij końce ząbkowanym nożem i wyrzuć.
j) Pokrój wiatraczek w plasterki o grubości około 1 cm (½ cala).
k) Połóż wiatraczki na przygotowanej blasze do pieczenia. Aby zapobiec ich rozplątaniu, opuszkami palców delikatnie dociśnij zewnętrzny koniec ciasta do bułki.
l) Piec przez 12-15 minut lub do złotego koloru.
m) Podawać na ciepło lub pozostawić do całkowitego wystygnięcia przed przechowywaniem w szczelnie zamkniętym pojemniku.

18. Serowe pesto i oliwkowe wiatraczki

Robi: 100

SKŁADNIKI
- 12 uncji serka śmietankowego; zmiękczony
- 1 szklanka startego parmezanu
- 2 zielone cebule z wierzchołkami; mielony
- ⅓ szklanki Twojego ulubionego sosu pesto
- 1 opakowanie Mrożonych arkuszy ciasta francuskiego; rozmrożone aż do wystygnięcia
- Wystarczająco, aby się zwinąć, ale nadal jest schłodzone
- 1 ½ szklanki całych, dojrzałych oliwek bez pestek; klinowane lub grubo posiekane

INSTRUKCJE:
a) Ubij serek śmietankowy, parmezan, zieloną cebulę i pesto, aż dobrze się wymieszają. Na lekko posypanej mąką powierzchni rozwałkuj połowę ciasta francuskiego (1 arkusz) na prostokąt o wymiarach 10 x 6 cali.
b) Połowę masy serowej rozsmaruj na cieście, całkowicie je przykrywając.
c) Na nadzieniu rozłóż połowę oliwek.
d) Zwiń wzdłuż jak roladę galaretkową, zaczynając od dłuższego boku, aby utworzyć wałek.
e) Powtórzyć z pozostałym ciastem, nadzieniem i oliwkami. Zamrozić kłody, aż będą twarde.
f) Rozgrzej piekarnik do 375 stopni. Wyjmij kłody z zamrażarki na 10-15 minut. przed pieczeniem.
g) Pokrój w krążki o grubości ¼ cala.
h) Umieścić w odległości 1,5 cala od siebie na nieprzywierających blachach do pieczenia.
i) Piec 10-12 min. lub do lekkiego zrumienienia.

19. Wiatraczki z parmezanem i pesto

Ilość: 35 wiatraczków

SKŁADNIKI
- 1 arkusz mrożonego ciasta francuskiego
- ⅓ szklanki sosu pesto; kupione w sklepie lub domowe
- ½ szklanki startego parmezanu
- 1 jajko; pobity
- 1 łyżeczka wody

INSTRUKCJE:
a) Ciasto francuskie rozmrażaj 20 minut. Rozwiń i rozwałkuj na lekko posypanej mąką powierzchni na prostokąt o wymiarach 14x11. Posmaruj równomiernie sosem pesto i posyp parmezanem.
b) Zaczynając od dłuższej krawędzi, zwiń ciasto jak bułkę z galaretką.
c) Roladę ciasta pokroić w poprzek na plastry o grubości ⅜ cala. Ułożyć na lekko natłuszczonej blasze do pieczenia i posmarować masą jajeczną.
d) Piec w temperaturze 400 stopni przez 8 do 10 minut lub do złotego koloru. Przełożyć na metalową kratkę i podawać na ciepło.

20. Tandetne kółeczka z ciasta francuskiego z grzybami

Robi: 15

SKŁADNIKI
- 1 arkusz ciasta francuskiego, rozmrożonego
- 1 łyżka oliwy z oliwek lub masła wegańskiego
- 1 mała szalotka pokrojona w drobną kostkę
- 1 ząbek czosnku posiekany
- 1/2 łyżeczki świeżego tymianku
- 1/2 łyżeczki czarnego pieprzu lub do smaku
- 8 uncji posiekanych mieszanych grzybów
- 1/2 łyżki tamari o niskiej zawartości sodu
- 1 łyżka mąki do podsypania
- 1/2 szklanki wegańskiego sera mozzarella
- 1/4 szklanki wegańskiego parmezanu, startego

INSTRUKCJE:

a) Ciasto francuskie rozmrozić zgodnie z instrukcją na opakowaniu.

b) Rozgrzej piekarnik do 425F. Blachę do pieczenia wyłóż papierem pergaminowym i odłóż na bok.

c) Rozpuść masło na patelni na średnim ogniu. Dodaj szalotkę i smaż przez 3 do 5 minut, aż zacznie pachnieć. Dodać grzyby, tymianek i czarny pieprz i dobrze wymieszać. Smażyć przez 5-7 minut, od czasu do czasu mieszając. Dodaj czosnek i tamari, następnie smaż przez dodatkowe 1 do 2 minut. Zdjąć z ognia i odstawić.

d) Lekko oprósz deskę do krojenia lub oczyść powierzchnię roboczą mąką, a następnie połóż na niej ciasto francuskie. Za pomocą wałka do ciasta rozwałkuj ciasto francuskie na wymiary około 12 na 15-16 cali.

e) Posyp wegańską mozzarellą i parmezanem powierzchnię ciasta, pozostawiając 1-calowy brzeg na jednym długim końcu ciasta.

f) Za pomocą szpatułki rozłóż ugotowane grzyby na serze, zachowując tę samą granicę.

g) Za pomocą pędzla lub palców delikatnie posmaruj wodą czysty brzeg ciasta. Obiema rękami zwiń ciasto francuskie w kierunku krawędzi, naciskając je bardziej do końca, aby uszczelnić ciasto.

h) Rozwałkowane ciasto włóż najpierw do lodówki na 20-30 minut, aby było twardsze przy użyciu noża.

i) Wsuń długi kawałek nici pod bułkę z ciasta francuskiego, a następnie skrzyżuj dwa pasma na górze, tworząc kawałek o długości 1 cala. Kontynuuj ciągnięcie za skrzyżowane pasma, aż całkowicie przetną bułkę, a następnie przenieś ją na blachę do pieczenia.

j) Piec na górnej półce piekarnika przez 18 do 22 minut, aż ciasto będzie złociste.

k) Wyjmij z piekarnika i podawaj na ciepło lub na zimno.

21. Pikantne kołatki prosciutto

Na: 24 porcje

SKŁADNIKI
- 2 łyżeczki mrożonego ciasta francuskiego
- ½ funta prosciutto pokrojonego w cienkie plasterki; podzielony
- 3 uncje świeżo startego parmezanu; podzielony
- 1 Słoik Słodko-ostra musztarda – (4 uncje); podzielony
- 1 jajko; pobity
- 2 łyżki wody

INSTRUKCJE:
a) Ciasto francuskie rozmrażaj w temperaturze pokojowej przez 20 do 30 minut. Lekko posyp mąką deskę i rozwałkuj jeden arkusz ciasta na wymiary około 12 na 15 cali. Posmaruj arkusz ciasta połową musztardy. Na wierzch ułóż połówki prosciutto ułożone w pojedynczych warstwach. Posyp prosciutto połową parmezanu. Dociśnij ser palcami lub szpatułką. Zwiń ciasto w spiralę.
b) Posmaruj krawędzie niewielką ilością wody i dociśnij, aby uszczelnić. Za pomocą ząbkowanego noża pokrój bułkę w jednocalowe koła. Ułóż wiatraczki na blasze do pieczenia i dociśnij je dnem szklanki lub grzbietem szpatułki.
c) Powtórz tę czynność z drugim arkuszem ciasta francuskiego, a następnie włóż wiatraczki do lodówki na 15 minut. Posmaruj wiatraczki rozmąconym jajkiem i piecz w piekarniku nagrzanym do 400 stopni przez dziesięć minut. Obróć i piecz kolejne pięć do dziesięciu minut lub do złotego koloru.

22. Wiatraczki z ciasta francuskiego z tuńczykiem

Tworzy: 15 wiatraczków

SKŁADNIKI
- 1 arkusz ciasta francuskiego
- 2 łyżeczki oliwy z oliwek z pierwszego tłoczenia
- 1 średnio brązowa/żółta cebula, pokrojona w drobną kostkę
- 6,5 uncji tuńczyka z puszki w oleju, dobrze odsączonego
- ⅓ szklanki startego sera Cheddar
- 3 łyżki natki pietruszki płaskolistnej, drobno posiekanej
- 1 łyżeczka skórki z cytryny
- ¼ łyżeczki pieprzu cayenne
- sól morska i świeżo zmielony czarny pieprz

INSTRUKCJE:

a) Rozgrzej piekarnik do 200 stopni C.
b) Przygotuj blachę do pieczenia wyłożoną papierem do pieczenia.
c) Wyjmij ciasto francuskie z zamrażarki i rozmroź.
d) Po rozmrożeniu ciasto włóż ponownie do lodówki, aby pozostało schłodzone.
e) Drobno posiekaj cebulę i delikatnie smaż na oliwie z oliwek przez około 8-10 minut lub do momentu, aż lekko się skarmelizuje. Odstawić do ostygnięcia.
f) Odcedź puszkę tuńczyka i dodaj do średniej wielkości miski. Rozgnieć, aby rozbić duże kawałki.
g) Dodaj ugotowaną cebulę i pozostałe składniki do tuńczyka i dobrze wymieszaj, aby połączyć.
h) Sprawdź, czy przyprawa odpowiada Twoim gustom, w razie potrzeby dodaj więcej soli, pieprzu lub skórki z cytryny.
i) Pokryj ciasto mieszanką z tuńczyka. Równomiernie rozsmaruj mieszaninę, pamiętając o pozostawieniu niewielkiej szczeliny wokół krawędzi ciasta.
j) Używając grzbietu łyżki lub gumowej szpatułki, dociśnij mieszaninę, aby ją zagęścić.
k) Powoli zacznij zwijać ciasto od końca najbliższego Tobie. Kontynuuj walcowanie do przodu, w miarę mocno, trzymając je tak mocno, jak to możliwe, aż dojdziesz do końca rolki.
l) Ciasto francuskie wkładamy do lodówki na około 15 minut, żeby stwardniało.
m) Za pomocą ząbkowanego noża odetnij końcówki i wyrzuć.
n) Następnie za pomocą tego samego noża pokrój wiatraczek o grubości około 1,5 cm (½ cala).
o) Umieść swoje wiatraczki na blasze do pieczenia. Jeśli wypadnie trochę mieszanki, po prostu delikatnie wciśnij ją z powrotem.
p) Piec przez 15-20 minut lub do momentu, aż ciasto będzie złocistobrązowe i ugotowane.
q) Podawać na ciepło, wyjęte z piekarnika lub pozostawić do ostygnięcia do temperatury pokojowej.

23. Pałeczki sera dmuchanego z parmezanem i papryką

Porcja: 3 tuziny

SKŁADNIKI
- 1 arkusz mrożonego ciasta francuskiego, rozmrożonego
- 1/4 szklanki startego parmezanu
- 1/2 łyżeczki papryki
- 1/4 łyżeczki soli
- 1/4 łyżeczki suszonego cząbru

INSTRUKCJE

a) Rozwałkuj ciasto francuskie. Uformuj ciasto w 10-calowy kwadrat na lekko oprószonym mąką obszarze roboczym.
b) Pozostałe składniki wymieszać w małej misce i posmarować ciasto. Z ciasta odetnij 12 pasków o szerokości 3/4 cala każdy. Każdy pasek przekrój na trzy części w poprzek.
c) Przełożyć na blachę wyłożoną papierem do pieczenia w odstępach 1 cm. Piec przez 5 do 7 minut w temperaturze 375 stopni F, aż do złotego koloru. Natychmiast podawaj.

24. Małe świnie w hamaku

Porcja: 1-1/2 tuzina

SKŁADNIKI

- 1 opakowanie (17,3 uncji) mrożonego ciasta francuskiego, rozmrożone
- 3 łyżki dżemu malinowego bez pestek
- 1 łyżka musztardy Dijon
- 1 runda (8 uncji) sera Camembert
- 18 miniaturowych kiełbasek wędzonych
- 1 duże jajko
- 1 łyżka wody

INSTRUKCJE

a) Rozgrzej piekarnik do 200°C. Rozłóż ciasto francuskie i z każdego ciasta wytnij 9 kwadratów. Każdy kwadrat przekrój po przekątnej, aby utworzyć dwa trójkąty.
b) Połącz musztardę i dżem w małej misce, dobrze wymieszaj. Rozłóż mieszaninę na trójkątach. Ser przekrój w poprzek na pół; następnie pokrój każdą połówkę na dziewięć klinów.
c) Na wierzchu każdego trójkąta ciasta połóż plaster sera i kiełbasę. Nałóż brzegi ciasta na kiełbasę i ser i zlep, dociskając brzegi do siebie.
d) Ciasto ułożyć na blasze wyłożonej papierem do pieczenia. W małej misce wymieszaj wodę z jajkiem i posmaruj ciasto mieszanką do mycia jaj.
e) Piec na złoty kolor, od 15 do 17 minut.

25. Wiatraczki ze szpinakiem karczochowym

Porcja: 2 tuziny

SKŁADNIKI

- 1 puszka (14 uncji) napełnionych wodą serc karczochów, opłukanych, odsączonych i posiekanych
- 1 opakowanie (10 uncji) mrożonego, posiekanego szpinaku, rozmrożonego i wyciśniętego do sucha
- 1/2 szklanki startego parmezanu
- 1/2 szklanki majonezu
- 1/2 łyżeczki cebuli w proszku
- 1/2 łyżeczki czosnku w proszku
- 1/2 łyżeczki pieprzu
- 1 opakowanie (17,3 uncji) mrożonego ciasta francuskiego, rozmrożone

INSTRUKCJE

a) Wymieszaj pierwsze siedem składników w małej misce. rozwałkować ciasto francuskie.
b) Rozłóż mieszaninę karczochów na każdym arkuszu w odległości 1/2 cala od krawędzi, a następnie uformuj galaretkę i zwiń ciasto. Użyj plastiku do owinięcia i przechowuj w zamrażarce na około 30 minut.
c) Każdą bułkę pokroić ząbkowanym nożem na 12 kawałków. Przełożyć na natłuszczoną blachę do pieczenia, łączeniem do dołu.
d) Piec przez 18 do 22 minut w temperaturze 400 stopni F do złotego koloru.

26. Twisty tiramisu

Ilość: 4 porcje

SKŁADNIKI
- 200 gramów mascarpone
- 2 łyżki Kahlua, plus dodatkowa ilość do glazury
- 2 łyżki cukru pudru
- 1 arkusz ciasta francuskiego maślanego
- 30 gramów gorzkiej czekolady, podzielone

INSTRUKCJE:

a) W małej misce ubić mascarpone na puszystą masę. Dodać Kahlua i po całkowitym wymieszaniu dodać cukier. Rozłóż arkusz ciasta francuskiego krótszą krawędzią do siebie. Rozłóż równomiernie nadzienie tiramisu na blasze.

b) Za pomocą noża do pizzy lub ostrego noża pokrój ciasto na 8 długich, pionowych pasków. Na nadzienie zetrzeć 20 gramów ciemnej czekolady. Pracując z jedną torsade na raz, chwyć koniec najdalej od siebie i złóż go na pół, na sobie. Przenieś na nieprzywierającą lub wyłożoną blachę do pieczenia, obracając ją dwukrotnie podczas układania. Delikatnie dociśnij dolną krawędź, następnie powtórz z resztą i schładzaj przez 1 godzinę.

c) Rozgrzej piekarnik do 200C/180C z termoobiegiem. Po godzinnym schłodzeniu ciasteczek posmaruj je delikatnie Kahluą i zetrzyj na drobnej tarce, posypując pozostałą czekoladą. Piec przez 15 minut, aż dobrze wyrosną i uzyskają złoty kolor. Przełożyć na metalową kratkę do ostygnięcia lub podawać na ciepło.

27. Przekąski z serem pleśniowym i orzechami włoskimi

SKŁADNIKI
- Ciasto francuskie
- 1 szklanka orzechów włoskich
- 1 szklanka pokruszonego sera pleśniowego
- 1 jajko ubite z 1 tabletką wody

INSTRUKCJE

a) Wystarczy posiekać 1 szklankę orzechów włoskich (w zależności od wielkości brie, które chcesz przykryć) i wymieszać z 1 szklanką pokruszonego sera pleśniowego. Przyciśnij wierzch ciasta Brie i ostrożnie owiń arkusz rozmrożonego ciasta francuskiego (rozwałkuj na wymagany rozmiar).

b) Palcami zwilżonymi zimną wodą zaklej spód ciasta. Odetnij nadmiar, aby zrobić wycięcia.

c) Posmaruj mieszanką jajeczną.

d) Piec na blasze wyłożonej pergaminem w piekarniku nagrzanym na 375 stopni przez około 20 minut, aż uzyska złoty kolor. (Pergamin ułatwia przenoszenie Brie do naczynia do serwowania.) Odstaw pieczone Brie na 20-30 minut. przed krojeniem, żeby trochę stwardniało.

28. Ciastka Jabłkowe

Porcje: 6

SKŁADNIKI

- ½ dużego jabłka, obranego, wydrążonego i posiekanego
- 1 łyżeczka świeżej skórki pomarańczowej, drobno startej
- ½ łyżki cukru białego
- ½ łyżeczki mielonego cynamonu
- 7 uncji przygotowanego mrożonego ciasta francuskiego

INSTRUKCJE

a) W misce wymieszaj wszystkie składniki oprócz ciasta francuskiego.
b) Ciasto pokroić na 16 kwadratów.
c) Na środku każdego kwadratu umieść około łyżeczki mieszanki jabłkowej.
d) Złóż każdy kwadrat w trójkąt i lekko dociśnij krawędzie mokrymi palcami.
e) Następnie widelcem mocno dociśnij krawędzie.
f) Naciśnij przycisk AIR OVEN MODE na cyfrowej frytkownicy Ninja Foodi i obróć pokrętło, aby wybrać tryb „Air Fry".
g) Naciśnij przycisk CZAS/PLASTERKI i ponownie obróć pokrętło, aby ustawić czas gotowania na 10 minut.
h) Teraz naciśnij przycisk TEMP/SHADE i obróć pokrętło, aby ustawić temperaturę na 390°F.
i) Naciśnij przycisk „Start/Stop", aby rozpocząć.
j) Gdy urządzenie wyemituje sygnał dźwiękowy wskazujący, że jest wstępnie nagrzane, otwórz drzwiczki piekarnika.
k) Ułóż ciasta w natłuszczonym koszyku do smażenia na powietrzu i włóż do piekarnika.
l) Po upływie czasu pieczenia otwórz drzwiczki piekarnika i przełóż ciasta na talerz.
m) Podawać na ciepło.

29. Twisty z ciasta Nutella

Wykonuje: 15 skrętów

SKŁADNIKI

- Opakowanie 17,3 uncji mrożonego ciasta francuskiego, rozmrożonego, ale zimnego
- mąka do oprószenia powierzchni roboczej
- 1 szklanka Nutelli
- 1 duże jajko
- gruboziarnisty cukier opcjonalnie

INSTRUKCJE:

a) Nagrzej piekarnik do 350 stopni.
b) Blachę do pieczenia wyłóż papierem pergaminowym i lekko posmaruj sprayem kuchennym.
c) Rozłóż jeden arkusz ciasta francuskiego na lekko posypanej mąką powierzchni roboczej. Za pomocą wałka do ciasta lekko zwiń ciasto, aby złączyć ewentualne fałdy.
d) Na spłaszczone ciasto francuskie posmaruj Nutellą.
e) Spłaszcz drugi arkusz ciasta francuskiego i ułóż na wierzchu pierwszego arkusza.
f) Ciasto pokroić na paski o szerokości jednego cala, każdy z nich skręcić w rulon i ułożyć na blasze do pieczenia.
g) W małej misce roztrzep jajko, a następnie posmaruj nim skręty.
h) W razie potrzeby posyp skręty cukrem pudrem.
i) Piec przez 15 do 18 minut, aż uzyska złoty kolor.
j) Wyjmij twisty z piekarnika i pozostaw je do ostygnięcia na blasze do pieczenia na co najmniej 5 minut.

30. Ciasteczka z Nutellą i Orzechami Laskowymi

Na: 4-6 porcji

SKŁADNIKI
- 1 arkusz mrożonego ciasta francuskiego, rozmrożonego
- ⅓ szklanki drobno posiekanej, prażonej
- 1 szklanka Nutelli

INSTRUKCJE:
a) Na cieście francuskim równomiernie rozłóż Nutellę i orzechy laskowe.
b) Weź dłuższą krawędź i zwiń ją wokół nadzienia, aż dojdziesz do środka, i zrób to samo z drugą dłuższą krawędzią, tak aby zetknęła się z pierwszą rolką na środku.
c) Zanim zrobisz cokolwiek innego, przechowuj go w lodówce przez co najmniej trzydzieści minut.
d) Ustaw piekarnik na 450 stopni F.
e) Wyjmij ciasto i pokrój je w plasterki o grubości około ¾ cala.
f) Umieść te plastry w nagrzanym piekarniku na blasze do pieczenia i piecz przez 7 minut, a następnie obróć je i piecz przez kolejne 5 minut.
g) Podawać.

31. Roladki z ciasta francuskiego z Nutellą

Robi: 25

SKŁADNIKI
- 1 (8 uncji) opakowanie ciasta filo, rozmrożone
- ½ (13 uncji) słoika Nutelli
- ½ szklanki roztopionego masła

INSTRUKCJE:
a) Zanim zrobisz cokolwiek innego, ustaw piekarnik na 400 stopni.
b) Weź jeden kawałek filo i posmaruj jego połowę masłem, a następnie złóż przeciwną stronę na stronę posmarowaną masłem.
c) Dodaj 1 łyżkę pasty z orzechów laskowych na środek ciasta, a następnie rozłóż resztę masła na pozostałej powierzchni ciasta.
d) Teraz zwiń ciasto w tubę i ułóż je na blasze do pieczenia.
e) Kontynuuj przygotowywanie kawałków ciasta w ten sposób, aż do wykorzystania wszystkich składników.
f) Teraz piecz je w piekarniku przez 12 minut.
g) Cieszyć się.

32. Ciasto francuskie Nutella z orzechami laskowymi

Robi: 34

SKŁADNIKI
- 1 opakowanie mrożonego ciasta francuskiego, rozmrożone
- 11 łyżek Nutelli
- ½ szklanki posiekanych orzechów laskowych (opcjonalnie)
- 6 łyżek cukru pudru

INSTRUKCJE:
a) Zanim zrobisz cokolwiek innego, ustaw piekarnik na 425 stopni F.
b) Rozsmaruj Nutellę na spłaszczonym cieście francuskim, a następnie posyp orzechami laskowymi.
c) Złóż go w kształt prostokąta, a następnie pokrój na półcalowe plasterki.
d) Połóż to na naczyniu do pieczenia i posyp odrobiną cukru pudru.
e) Piec w nagrzanym piekarniku przez około 15 minut lub do złotego koloru.
f) Ochłodź to.
g) Podawać.

33. Chrupki Rzodkiewkowe Z Mikromiskami Musztardowymi

Sprawia: 4

SKŁADNIKI
- 2 arkusze ciasta francuskiego, pokrojone na 12 części
- 1 ubite jajko
- 5 uncji pokruszonego sera koziego
- 10 do 12 cienko pokrojonych rzodkiewek
- Garść mikrogreenów z gorczycy
- 1 łyżeczka soli morskiej

INSTRUKCJE:
a) Rozgrzej piekarnik do 400 stopni.
b) Ciasto ułóż na blasze do pieczenia i zrób mały wgłębienie na krótszym boku, zakładając oba końce.
c) Do posmarowania ciasta użyj płynu jajecznego. Za pomocą widelca nakłuj każde ciasto kilka razy.
d) Piecz ciasta przez 8 do 10 minut, aż będą złociste i puszyste.
e) Rogaliki posmaruj kozim serem i udekoruj pokrojonymi rzodkiewkami.
f) Piecz jeszcze przez 8 do 10 minut lub do momentu, aż ciasto będzie złotobrązowe, a rzodkiewki półprzezroczyste.
g) Posyp każde ciasto drobno posiekanymi warzywami i szczyptą soli i od razu podawaj.

34. Słodkie zwroty akcji frytkownicy powietrznej

Serwuje: 2

SKŁADNIKI

- 1 opakowanie ciasta francuskiego kupionego w sklepie
- ½ łyżeczki cynamonu
- ½ łyżeczki cukru
- ½ łyżeczki czarnego sezamu
- Sól, szczypta
- 2 łyżki startego parmezanu

INSTRUKCJE

a) Połóż ciasto na powierzchni roboczej.
b) Weź małą miskę i wymieszaj ser, cukier, sól, nasiona sezamu i cynamon.
c) Dociśnij tę mieszaninę po obu stronach ciasta.
d) Teraz pokrój ciasto na paski o wymiarach 1 x 3 cale.
e) Każdy z pasków przekręć 2 razy i połóż na płasko.
f) Przenieś go do koszyka frytkownicy.
g) Wybierz tryb smażenia na powietrzu w temperaturze 400 stopni F przez 10 minut.
h) Po ugotowaniu podawaj.

35. Obroty Apple

SKŁADNIKI

- 2 jabłka, obrane, wydrążone i pokrojone w drobną kostkę
- 1 łyżka cukru plus dodatkowa ilość do posypania
- szczypta cynamonu
- 1 jajko, lekko ubite
- 2 arkusze ciasta francuskiego, rozmrożone
- 1 łyżeczka cukru pudru (opcjonalnie)

INSTRUKCJE

a) Połącz jabłko, cukier i cynamon w małej misce. Wymieszaj, aby jabłko było nią pokryte.
b) Obydwa arkusze ciasta francuskiego przekrój na ćwiartki, tak aby każdy arkusz miał cztery kwadraty.
c) Na każdy kwadrat nałóż masę jabłkową i posmaruj brzegi jajkiem.
d) Złóż każdy kwadrat jeden na drugi, tworząc trójkąt. Dociśnij brzegi i zlep, naciskając widelcem.
e) Wierzch każdego trójkąta posmaruj jajkiem i posyp dodatkowo cukrem.
f) Umieść cztery trójkąty w koszyku frytkownicy. Piec w temperaturze 180°C przez 11 minut lub do momentu, aż ciasto będzie złocistobrązowe i idealnie wyrośnięte. Będziesz musiał gotować w dwóch partiach.

36. Cytrynowe słodkie zwroty akcji

Serwuje: 2

SKŁADNIKI
- 1 opakowanie ciasta francuskiego kupionego w sklepie
- ½ łyżeczki skórki z cytryny
- 1 łyżka soku z cytryny
- 2 łyżeczki brązowego cukru
- Sól, szczypta
- 2 łyżki świeżo startego parmezanu

INSTRUKCJES
a) Połóż ciasto francuskie na czystym miejscu pracy.
b) W misce wymieszaj parmezan, brązowy cukier, sól, skórkę cytrynową i sok z cytryny.
c) Dociśnij tę mieszaninę po obu stronach ciasta.
d) Teraz pokrój ciasto na paski o wymiarach 1 x 4 cale.
e) Skręć każdy z pasków.
f) Przenieś go do koszyka frytkownicy.
g) Wybierz tryb smażenia na powietrzu w temperaturze 400 stopni F przez 9-10 minut.
h) Po ugotowaniu podawaj i ciesz się smakiem.

37. Wiatraczki z bekonem smażone na powietrzu

Porcje: 8 wiatraczków

1 arkusz ciasta francuskiego
2 łyżki syropu klonowego
¼ szklanki brązowego cukru
8 plasterków boczku
Zmielony czarny pieprz do smaku
Spray do gotowania

Spryskaj koszyk frytkownicy sprayem do gotowania.
Rozwałkuj ciasto francuskie na kwadrat o boku 10 cali za pomocą wałka do ciasta na czystej powierzchni roboczej, a następnie pokrój ciasto na 8 pasków.
Posmaruj paski syropem klonowym i posyp cukrem, pozostawiając 1-calowy dalszy koniec odkryty.
Ułóż każdy plaster bekonu na każdym pasku, pozostawiając ⅛-calowy kawałek boczku zwisający na końcu blisko ciebie. Posyp czarnym pieprzem.
Od końca blisko siebie zwiń paski w wiatraczki, następnie zwilż odsłonięty koniec wodą i zwiń bułki.
Ułóż wiatraczki w koszu i spryskaj sprayem kuchennym.
Połóż koszyk frytkownicy na blasze do pieczenia i wsuń go do pozycji stojaka 2, wybierz opcję Air Fry, ustaw temperaturę na 360°F (182°C) i ustaw czas na 10 minut.
Obróć wiatraczki w połowie.
Po zakończeniu gotowania wiatraczki powinny być złocistobrązowe. Wyjmij z piekarnika i natychmiast podawaj.

38. Twisty z serem i szynką

SKŁADNIKI

1 arkusz ciasta francuskiego, rozmrożonego
1/2 szklanki startego sera Cheddar
1/2 szklanki szynki pokrojonej w kostkę
1 jajko, ubite

INSTRUKCJE

Rozgrzej piekarnik do 400°F (200°C).

Na lekko posypanej mąką powierzchni rozwałkuj ciasto francuskie na grubość około 1/4 cala.

Ciasto francuskie równomiernie posypujemy tartym serem cheddar i pokrojoną w kostkę szynką.

Ciasto francuskie pokroić na 12 równych pasków.

Każdy pasek przekręć kilka razy i ułóż na blaszce wyłożonej papierem do pieczenia.

Każdy skręt posmaruj roztrzepanym jajkiem.

Piec przez 15-20 minut, aż uzyska złoty kolor.

Podawać na ciepło.

39. Duński serek jagodowy

SKŁADNIKI

1 arkusz ciasta francuskiego, rozmrożonego
1/2 szklanki jagód
1/2 szklanki serka śmietankowego, zmiękczonego
1/4 szklanki cukru pudru
1 jajko, ubite

INSTRUKCJE

Rozgrzej piekarnik do 400°F (200°C).

Na lekko posypanej mąką powierzchni rozwałkuj ciasto francuskie na grubość około 1/4 cala.

Ciasto francuskie pokroić na 4 równe kwadraty.

W misce wymieszaj jagody, serek śmietankowy i cukier puder.

Na każdy kwadrat ciasta francuskiego nałóż około 1/4 szklanki mieszanki serka jagodowego.

Złożyć ciasto francuskie na mieszankę serka jagodowego, tworząc trójkąt i docisnąć brzegi do siebie, aby je złączyć.

Za pomocą widelca dociśnij krawędzie i utwórz dekoracyjny wzór.

Każdy placek posmaruj roztrzepanym jajkiem.

Piec przez 20-25 minut, aż uzyska złoty kolor.

Podawać na ciepło.

40. Roladki z ciasta francuskiego

SKŁADNIKI

1 arkusz ciasta francuskiego, rozmrożonego
4 ogniwa kiełbasy, osłonki usunięte
1 jajko, ubite

INSTRUKCJE

Rozgrzej piekarnik do 400°F (200°C).
Na lekko posypanej mąką powierzchni rozwałkuj ciasto francuskie na grubość około 1/4 cala.
Mięso kiełbasiane podzielić na 4 równe części i z każdej uformować wałek.
Połóż każdy klocek kiełbasy na cieście francuskim i zawiń ciasto francuskie wokół klocka kiełbasy, dociskając brzegi do siebie, aby je złączyć.
5. Pokrój każdą bułkę z kiełbasą na 4 równe części.

Roladki kiełbasy układamy na blasze wyłożonej papierem do pieczenia.

Każdą bułkę z kiełbasą posmaruj roztrzepanym jajkiem.

Piec przez 20-25 minut, aż kiełbasa będzie złocista i ugotowana.

Podawać na ciepło.

41. Twisty czekoladowo-orzechowe

SKŁADNIKI

1 arkusz ciasta francuskiego, rozmrożonego
1/4 szklanki Nutelli lub kremu czekoladowo-orzechowego
1/4 szklanki posiekanych orzechów laskowych
1 jajko, ubite

INSTRUKCJE

Rozgrzej piekarnik do 400°F (200°C).

Na lekko posypanej mąką powierzchni rozwałkuj ciasto francuskie na grubość około 1/4 cala.

Ciasto francuskie posmaruj kremem Nutella lub czekoladą z orzechami laskowymi.

Na wierzch posypujemy posiekanymi orzechami laskowymi.

Ciasto francuskie pokroić w paski o szerokości około 1 cala.

Każdy pasek przekręć kilka razy i ułóż na blasze wyłożonej papierem do pieczenia.

Każdy skręt posmaruj roztrzepanym jajkiem.

Piec przez 20-25 minut, aż uzyska złoty kolor.

Podawać na ciepło.

42. Wiatraczki jabłkowo-cynamonowe

SKŁADNIKI

1 arkusz ciasta francuskiego, rozmrożonego
2 jabłka, obrane i drobno posiekane
1/4 szklanki cukru
1 łyżeczka mielonego cynamonu
1 jajko, ubite

INSTRUKCJE

Rozgrzej piekarnik do 400°F (200°C).

Na lekko posypanej mąką powierzchni rozwałkuj ciasto francuskie na grubość około 1/4 cala.

W małej misce wymieszaj pokrojone jabłka, cukier i cynamon.

Na cieście francuskim rozsmaruj masę jabłkową.

Ciasto francuskie zwiń ciasno, tworząc wałek.

Pokrój dziennik na plasterki o grubości około 1/2 cala.

Plasterki układamy na blasze wyłożonej papierem do pieczenia.

Posmaruj każdy wiatraczek roztrzepanym jajkiem.

Piec przez 20-25 minut, aż uzyska złoty kolor.

Podawać na ciepło.

SIEĆ ELEKTRYCZNA

43. Ziołowy Gulasz Wołowy Z Ciastem Francuskim

Porcja: 6 porcji

SKŁADNIKI
- 1 funt gulaszu wołowego, pokrojony w 1-calową kostkę
- 1 łyżka oleju rzepakowego
- 3 średnie marchewki, pokrojone na 1-calowe kawałki
- 1 do 2 średnich czerwonych ziemniaków, pokrojonych na 1-calowe kawałki
- 1 szklanka pokrojonego w plasterki selera (1/2-calowe kawałki)
- 1/2 szklanki posiekanej cebuli
- 1 ząbek czosnku, posiekany
- 2 puszki (10-1/2 uncji każda) skondensowanego bulionu wołowego, nierozcieńczony
- 1 puszka (14-1/2 uncji) pokrojonych w kostkę pomidorów, bez odsączenia
- Po 1 łyżeczce suszonych płatków pietruszki, tymianku i majeranku
- 1/4 łyżeczki pieprzu
- 2 liście laurowe
- 1 szklanka obranej dyni piżmowej pokrojonej w kostkę
- 3 łyżki szybkogotowanej tapioki
- 1 do 2 opakowań (po 17,3 uncji) mrożonego ciasta francuskiego, rozmrożonego
- 1 żółtko
- 1/4 szklanki ciężkiej śmietany do ubijania

INSTRUKCJE
a) Brązowa wołowina w oleju w piekarniku holenderskim; napięcie. Wymieszać z przyprawami, pomidorami, bulionem, czosnkiem, cebulą, selerem, ziemniakami i marchewką.
b) Zagotuj. Zmniejsz ogień, gotuj na wolnym ogniu pod przykryciem, aż mięso będzie prawie miękkie, około 1 godziny. Usuń liście laurowe. Wymieszać z tapioką i dynią, ponownie zagotować. Gotuj przez 5 minut. Zdjąć z ognia, pozostawić do ostygnięcia na 10 minut.

c) W międzyczasie na powierzchni lekko posypanej mąką rozwałkuj ciasto francuskie na grubość 1/4 cala. Z 10 uncjami. ramekin, używając wzoru, wytnij 6 kółek z ciasta, o około 1 cal większych niż średnica ramekina.
d) Napełnij mieszaniną wołowiny 6 natłuszczonych 10 uncji. ramekiny; na każdym ułóż okrąg z ciasta. Zlep ciasto do krawędzi ramekinów, w każdym cieście wykonaj nacięcie. Jeśli chcesz, wytnij 30 pasków z resztek ciasta.
e) Skręć paski, nałóż na każdy ramekin 5 pasków. Uszczelnij, ściskając krawędzie. Wymieszaj śmietanę z żółtkiem, posmaruj wierzch.
f) Połóż na blasze z ciasteczkami. Piec w temperaturze 400° aż do uzyskania złocistego koloru, około 30-35 minut. Odstawić na 5 minut przed jedzeniem.

44. Szybkie empanady ziemniaczane pinto

Na 4 empanady

SKŁADNIKI

- 1 1/2 szklanki ugotowanej lub 1 (15,5 uncji) puszki fasoli pinto, odsączonej i opłukanej
- 1 mały pieczony rdzawy ziemniak, obrany i grubo posiekany
- 1/2 szklanki salsy pomidorowej, domowej roboty (patrz Salsa ze świeżych pomidorów) lub kupionej w sklepie
- 1/2 łyżeczki chili w proszku
- 1/2 łyżeczki soli
- 1/4 łyżeczki świeżo zmielonego czarnego pieprzu
- 1 arkusz mrożonego ciasta francuskiego, rozmrożonego

a) Rozgrzej piekarnik do 400°F. W średniej misce lekko rozgnieć fasolę widelcem. Dodać ziemniaki, salsę, chili w proszku, sól i pieprz. Dobrze rozgnieć i odłóż na bok.
b) Ciasto rozwałkować na lekko posypanej mąką stolnicy i podzielić na ćwiartki.
c) Nałóż mieszaninę fasoli na cztery kawałki ciasta, równomiernie je dzieląc. W przypadku każdej empanady załóż jeden koniec ciasta na nadzienie tak, aby stykał się z drugim końcem ciasta.
d) Palcami zaciśnij i zaciśnij krawędzie, aby zamknąć nadzienie. Za pomocą widelca przekłuj wierzch empanad i połóż je na nienatłuszczonej blasze do pieczenia.
e) Piec na złoty kolor, około 20 minut.

45. Pizza Caprese z płaskim chlebem

Porcje według przepisu: 4

SKŁADNIKI
- 1 arkusz ciasta francuskiego
- 1 pomidor, pokrojony w plasterki
- mąka
- 1/2 funta sera mozzarella, pokrojonego w plasterki
- mycie jajek
- 1/2 szklanki sosu pesto

INSTRUKCJES

a) Zanim zrobisz cokolwiek innego, ustaw piekarnik na 425 stopni F i wyłóż blachę do pieczenia papierem pergaminowym.
b) Połóż ciasto francuskie na lekko posypanej mąką powierzchni i rozwałkuj na prostokąt o grubości mniejszej niż 1/4 cala.
c) Rozwałkowane ciasto wyłożyć na przygotowaną blachę do pieczenia i posmarować rozmąconym jajkiem.
d) Gotuj w piekarniku około 10 minut.
e) Wyjmij z piekarnika i równomiernie rozsmaruj pesto na upieczonym cieście, a następnie plastry pomidora i mozzarellę.
f) Gotuj w piekarniku około 5 minut.
g) Ciesz się na gorąco.

46. Roladki z kiełbasą jagnięcą z jogurtem harissa

SKŁADNIKI

- 2 łyżki oliwy z oliwek z pierwszego tłoczenia
- 1 biała cebula, drobno posiekana
- 3 ząbki czosnku, zmiażdżone
- 1 łyżka drobno posiekanego rozmarynu
- 1 łyżeczka nasion kminku, zmiażdżonych, plus dodatkowa ilość
- 500 g mielonej jagnięciny
- 3 arkusze mrożonego ciasta francuskiego z masłem, rozmrożone
- 1 jajko, lekko ubite
- 250 g gęstego jogurtu greckiego
- 1/4 szklanki (75 g) harissy lub chutneyu pomidorowego
- Mikromięta do podania (opcjonalnie)

INSTRUKCJES

a) Rozgrzej piekarnik do 200C. Rozgrzej olej na patelni na średnim ogniu. Dodaj cebulę i smaż przez 3-4 minuty, aż zmięknie. Dodaj czosnek, rozmaryn i kminek i smaż 1-2 minuty, aż zaczną wydzielać zapach. Zdejmij z ognia, schładzaj przez 10 minut, następnie połącz z mielonym mięsem.

b) Podzielić mieszaninę pomiędzy arkusze ciasta, układając je wzdłuż jednej krawędzi, tworząc wałek. Zwijamy w rulon, smarując ostatnie 3 cm ciasta jajkiem. Uszczelnij i przytnij ciasto.

c) Ułożyć na blaszce wyłożonej papierem do pieczenia, łączeniem do dołu i wstawić do zamrażalnika na 10 minut. Dzięki temu łatwiej będzie je pokroić.

d) Każdą bułkę przekrój na 4 części i pozostaw na blasze. Posmaruj rozmąconym jajkiem i posyp dodatkowymi nasionami kminku. Piec przez 30 minut lub do momentu, aż ciasto będzie złociste, a bułki ugotowane.

e) Zamieszaj harissę w jogurcie i podawaj z bułeczkami kiełbaskowymi posypanymi miętą.

47. Polędwiczka wieprzowa z pieczonym ciastem francuskim

Na: 6 porcji

SKŁADNIKI
- 1 arkusz ciasta francuskiego
- 1 filet wieprzowy
- 6 plasterków boczku
- 6 plasterków sera
- 1 jajko, ubite

INSTRUKCJE:
a) Rozgrzej piekarnik do 220°C.
b) Filet doprawiamy pieprzem i obsmażamy na patelni.
c) Zarezerwuj i pozwól ostygnąć.
d) Rozciągnij arkusz ciasta francuskiego.
e) W środkowej części ułożyć plastry sera, a następnie plastry boczku tak, aby następnie zawinęły polędwicę.
f) Gdy polędwica ostygnie, ułóż ją na boczku.
g) Na koniec zamknij ciasto francuskie.
h) Polędwiczkę wieprzową owiniętą w ciasto francuskie smarujemy roztrzepanym jajkiem i wstawiamy do piekarnika na około 30 minut.

48. Seitan En Croute

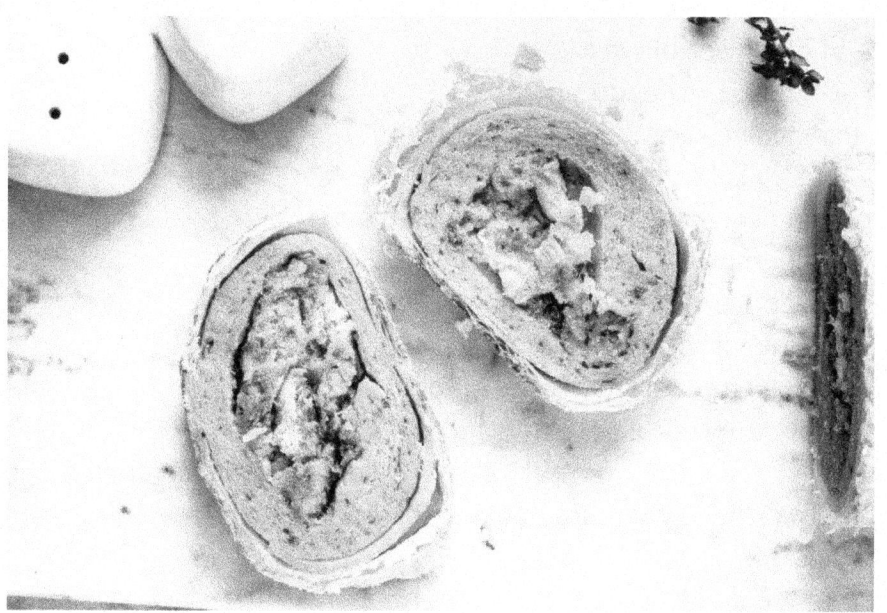

służy: 4

SKŁADNIKI
- 1 łyżka oliwy z oliwek
- 2 średnie szalotki, posiekane
- uncje białych grzybów, posiekanych
- 1/4 szklanki Madery
- 1 łyżka posiekanej świeżej natki pietruszki
- 1/2 łyżeczki suszonego tymianku
- 1/2 łyżeczki suszonego cząbru
- 2 szklanki drobno posiekanych kostek suchego chleba
- Sól i świeżo zmielony czarny pieprz
- 1 zamrożony arkusz ciasta francuskiego, rozmrożony
- Plasterki seitanu (o grubości 1/4 cala) w postaci owali lub prostokątów o wymiarach około 3 x 4 cale, osuszone

INSTRUKCJE:

a) Na dużej patelni rozgrzej olej na średnim ogniu.
b) Dodaj szalotkę i smaż, aż zmięknie, około 3 minut. Dodaj grzyby i gotuj, mieszając od czasu do czasu, aż grzyby zmiękną, około 5 minut.
c) Dodaj Madierę, pietruszkę, tymianek i cząber i gotuj, aż płyn prawie odparuje. Wymieszaj kostki chleba i dopraw solą i pieprzem do smaku. Odstawić do ostygnięcia.
d) Połóż arkusz ciasta francuskiego na dużym kawałku folii plastikowej na płaskiej powierzchni roboczej. Przykryj kolejnym kawałkiem folii i za pomocą wałka lekko rozwałkuj ciasto, aby je wygładzić. Ciasto pokroić na ćwiartki.
e) Na środku każdego kawałka ciasta umieść 1 plasterek seitanu. Rozdzielić farsz pomiędzy nimi, rozprowadzając go tak, aby przykrył seitan. Na każdym z nich ułóż pozostałe plasterki seitanu. Złóż ciasto, aby zamknąć nadzienie, zaciskając krawędzie palcami, aby je zamknąć.
f) Ułóż opakowania ciasta łączeniem do dołu na dużej, nienatłuszczonej blasze do pieczenia i wstaw do lodówki na 30 minut. Rozgrzej piekarnik do 400°F. Piec, aż skórka będzie złotobrązowa, około 20 minut. Natychmiast podawaj.

49. Ciasto Garnkowe w stylu Libańskim

Porcji według przepisu: 8

SKŁADNIKI
- 3 łyżki rozgniecionego czosnku
- 1/4 szklanki pokruszonego ziołowego sera feta
- 1 żółtko
- 1 zamrożony arkusz ciasta francuskiego, rozmrożony i przekrojony na pół
- 2 szklanki posiekanego świeżego szpinaku
- 2 połówki piersi kurczaka bez kości i skóry
- 2 łyżki pesto bazyliowego
- 1/3 szklanki posiekanych suszonych pomidorów

INSTRUKCJES
a) Zanim zrobisz cokolwiek innego, ustaw piekarnik na 375 stopni F.
b) Posmaruj piersi kurczaka mieszanką rozgniecionego czosnku i żółtka w szklanym naczyniu, a następnie przykryj je folią i włóż do lodówki na co najmniej cztery godziny.
c) Połóż ½ szpinaku na środku połowy ciasta, połóż na nim jeden kawałek piersi kurczaka, dodaj 1 łyżkę pesto, suszone pomidory, ser feta i resztę szpinaku.
d) Całość zawijamy drugą połową ciasta.
e) Powtórz te same kroki dla pozostałych kawałków piersi.
f) Umieść to wszystko na naczyniu do pieczenia.
g) Piec w nagrzanym piekarniku przez około 40 minut lub do momentu, aż kurczak będzie miękki.
h) Podawać.

50. Ciasto Z Kurczaka

SKŁADNIKI:

1 arkusz ciasta francuskiego
2 szklanki gotowanego kurczaka, pokrojonego w kostkę
1 szklanka mieszanki warzyw, rozmrożona
1 puszka zagęszczonego kremu z rosołu
1/2 szklanki mleka
Sól i pieprz

INSTRUKCJE:

Rozgrzej piekarnik do 400°F (200°C).
W misce wymieszaj ugotowanego kurczaka, mieszankę warzyw, zupę skondensowaną, mleko, sól i pieprz.
Ciasto francuskie rozwałkowujemy na lekko posypanej mąką powierzchni i wkładamy do naczynia do pieczenia.
Wlać mieszaninę kurczaka do ciasta i przykryć kolejnym arkuszem ciasta, zaciskając krawędzie, aby je uszczelnić.
Piec przez 30-35 minut lub do momentu, aż ciasto będzie złotobrązowe.

51. Wołowina Wellington

SKŁADNIKI:
2 arkusze ciasta francuskiego
4 steki z polędwicy wołowej
1/4 szklanki musztardy Dijon
1/4 szklanki posiekanych grzybów
1/4 szklanki posiekanej cebuli
2 ząbki czosnku, posiekane
2 łyżki masła
Sól i pieprz

INSTRUKCJE:
Rozgrzej piekarnik do 400°F (200°C).
Steki z polędwicy wołowej doprawiamy solą i pieprzem.
Na patelni rozpuść masło i podsmaż pieczarki, cebulę i czosnek, aż będą miękkie.
Rozwałkuj ciasto francuskie na lekko posypanej mąką powierzchni i posmaruj musztardą Dijon.
Połóż steki z polędwicy wołowej na musztardzie i połóż na stekach mieszaninę grzybów.
Owiń ciasto wokół wołowiny i posmaruj jajkiem.
Piec przez 25-30 minut lub do momentu, aż ciasto będzie złotobrązowe.

52. Wellington z łososiem

SKŁADNIKI:
1 arkusz ciasta francuskiego
450 g filetu z łososia, bez skóry
1/2 szklanki (120 g) serka śmietankowego, miękkiego
1/4 szklanki (60 ml) posiekanego świeżego koperku
2 łyżki (30 ml) musztardy Dijon
1 łyżka (15 ml) soku z cytryny
Sól i pieprz
1 jajko, ubite
Mąka, do posypania

INSTRUKCJE:
Rozgrzej piekarnik do 400°F (200°C).
Ciasto francuskie rozwałkowujemy na lekko posypanej mąką powierzchni na kształt prostokąta.
W misce wymieszaj serek śmietankowy, posiekany koperek, musztardę Dijon, sok z cytryny, sól i pieprz.
Rozprowadź równomiernie masę serową na cieście francuskim, pozostawiając brzeg o szerokości 2,5 cm.
Połóż filet z łososia na wierzchu mieszanki serka śmietankowego i złóż ciasto, aby całkowicie przykryć łososia, uszczelniając krawędzie.
Posmaruj ciasto roztrzepanym jajkiem i ostrym nożem natnij wierzch po przekątnej.
Piec przez 25-30 minut lub do momentu, aż ciasto będzie złotobrązowe, a łosoś będzie ugotowany.
Pozostawić do ostygnięcia na 5-10 minut przed pokrojeniem i podaniem. Cieszyć się!

53. Ciasto Warzywne

SKŁADNIKI:
1 arkusz ciasta francuskiego
2 szklanki mieszanki warzywnej, rozmrożonej
1 puszka zagęszczonego kremu z zupy grzybowej
1/2 szklanki mleka
Sól i pieprz

INSTRUKCJE:
Rozgrzej piekarnik do 400°F (200°C).
W misce wymieszaj mieszankę warzywną, zagęszczoną zupę, mleko, sól i pieprz.
Ciasto francuskie rozwałkowujemy na lekko posypanej mąką powierzchni i wkładamy do naczynia do pieczenia.
Do ciasta wlać mieszankę warzywną i przykryć kolejnym arkuszem ciasta, zaciskając brzegi.
Piec przez 30-35 minut lub do momentu, aż ciasto będzie złotobrązowe.

DESER

54. Otwarte ciasto ze szpinakiem i pesto

Porcje według przepisu: 1

SKŁADNIKI
- 2 (12 uncji) filety z łososia bez skóry i kości
- sól przyprawiona do smaku
- 1/2 łyżeczki czosnku w proszku
- 1 łyżeczka proszku cebulowego
- 1 (17,25 uncji) opakowanie mrożonego ciasta francuskiego, rozmrożonego
- 1/3 szklanki pesto
- 1 (6 uncji) opakowanie liści szpinaku

INSTRUKCJES
a) Zanim zrobisz cokolwiek innego, ustaw piekarnik na 375 stopni F.
b) Przed odłożeniem na bok łososia posyp mieszanką soli, sproszkowanej cebuli i czosnku.
c) Teraz umieść ½ szpinaku pomiędzy dwoma oddzielnymi arkuszami ciasta francuskiego, umieszczając więcej na środku i połóż filet z łososia na każdym z nich, a następnie umieść pesto i pozostały szpinak.
d) Brzegi zwilżyć wodą i złożyć.
e) Całość pieczemy w nagrzanym piekarniku przez około 25 minut.
f) Ochłodź to.
g) Podawać.

55. Mieszane tartaletki grzybowe

Porcja: 8 porcji

SKŁADNIKI
- 1 1/2 funta pokrojonych w plasterki świeżych różnorodnych grzybów
- 1 średnia cebula, posiekana
- 1/2 szklanki masła
- 3 łyżki oliwy z oliwek
- 1/2 szklanki białego wina lub wytrawnego wermutu
- 1 łyżeczka posiekanego świeżego tymianku lub 1/2 łyżeczki suszonego tymianku
- 1 łyżeczka soli
- 1 szklanka gęstej śmietanki do ubijania
- 1 opakowanie (17,3 uncji) mrożonego ciasta francuskiego, rozmrożone
- 1 żółtko
- 1 łyżeczka wody

INSTRUKCJE

a) Smażyć cebulę i grzyby na oleju i maśle partiami na dużej patelni, aż będą miękkie. Zmniejsz ogień do średniego i dodaj sól, wino i tymianek. Gotuj, aż wino zredukuje się o połowę, następnie dodaj śmietanę; zamieszać. Kontynuuj gotowanie, aż mieszanina będzie gęsta, około 10 minut. Zdjąć z ognia i odłożyć na jedną stronę.

b) Rozwałkuj jeden arkusz ciasta francuskiego; uformuj prostokąt o wymiarach 12 x 8 cali. Pokrój na 8 prostokątnych kawałków. Ostrym nożem zaznacz 1/2 cala od rogu każdego ciasta (nie przecinaj ciasta).

c) Ułożyć w blachach do pieczenia. Czynność powtórzyć z resztą ciasta francuskiego. Łyżką nabieramy mieszaninę grzybów i rozprowadzamy ją na środku.

d) Ubij wodę i żółtko; posmarować brzegi ciasta.

e) Piec przez 13 do 16 minut w temperaturze 400 stopni F, aż do złotego koloru.

56. Strudel jabłkowy w karmelu

Porcja: 8 porcji

SKŁADNIKI
- 5 średnich jabłek, obranych i posiekanych (5 filiżanek)
- 3/4 szklanki cydru jabłkowego lub soku
- 1/4 szklanki cukru
- 1/2 łyżeczki mielonego cynamonu
- 1/4 łyżeczki zmielonego ziela angielskiego
- 1/4 łyżeczki zmielonych goździków
- 1 zamrożony arkusz ciasta francuskiego, rozmrożony
- 1/4 szklanki beztłuszczowej polewy do lodów karmelowych
- 1 duże jajko
- 1 łyżka wody
- 1 łyżka grubego cukru
- Do wyboru słodzona bita śmietana i dodatkowa polewa karmelowa

INSTRUKCJE

a) Ustaw piekarnik na 375 ° F w celu rozgrzania. Wymieszaj pierwszych 6 składników w dużym rondlu. Pozwól się zagotować. Zmniejsz ogień i gotuj na wolnym ogniu bez przykrycia, aż jabłka będą miękkie, około 15-20 minut; mieszaj od czasu do czasu. Odłóż na bok i pozwól mu całkowicie ostygnąć.

b) Na dużym arkuszu papieru pergaminowego rozłóż ciasto francuskie i rozwałkuj je na prostokątny kształt o wymiarach 16 x 12 cali. Ciasto wyłożone papierem pergaminowym przełóż na blachę do pieczenia krótszym bokiem prostokąta do siebie.

c) Ułóż jabłka łyżką cedzakową na dolnej połowie ciasta w odległości 1 cala od krawędzi ciasta. Jako polewę posyp jabłka karmelem.

d) Zaczynając od dołu, zwiń je w rulon galaretkowy. Aby uszczelnić i podwinąć końce, zsuń szwy.

e) W małej misce wymieszaj jajko z wodą i posmaruj nim ciasto.

f) Posypać grubym cukrem. Zrób łzę lub nacięcie na górze. Piec na złoty kolor, około 25 minut do pół godziny. W razie potrzeby dodaj bitą śmietanę i karmel jako polewę.

57. Kubeczki z musem czekoladowo-orzechowym

Porcja: 6 porcji

SKŁADNIKI
- 1 opakowanie (10 uncji) mrożonych muszelek z ciasta francuskiego, rozmrożone
- 1/2 szklanki ciężkiej śmietany do ubijania
- 1 do 2 łyżek cukru pudru
- 1/4 łyżeczki ekstraktu waniliowego
- 1/2 szklanki serka mascarpone
- 1/2 szklanki Nutelli
- 1/4 łyżeczki mielonego cynamonu
- 2 łyżki miniaturowych półsłodkich kawałków czekolady
- Dodatkowe miniaturowe półsłodkie kawałki czekolady, roztopione, opcjonalnie
- 2 łyżki posiekanych orzechów laskowych, uprażonych

INSTRUKCJE
a) Postępuj zgodnie z INSTRUKCJAMI na opakowaniu, aby upiec muszle ciasta; całkowicie fajne.
b) W małej misce ubijaj śmietanę, aż zacznie gęstnieć. Dodać wanilię i cukier cukierniczy; ubijaj, aż utworzą się miękkie szczyty.
c) W drugiej misce ubić cynamon, Nutellę i serek mascarpone na puszystą masę. Włóż kawałki czekolady i bitą śmietanę; włożyć do muszli ciasta. Skropić roztopioną czekoladą (opcjonalnie).
d) Posypać orzechami laskowymi; przechowywać w lodówce do momentu podania.

58. Drobiazg Napoleona

Na: 10 porcji

SKŁADNIKI
- Opakowanie 17¼ uncji mrożonego ciasta francuskiego, rozmrożone
- 1 opakowanie błyskawicznego budyniu waniliowego i nadzienia do ciasta
- 1 ½ szklanki mleka
- 12 uncji ubitej polewy
- ½ szklanki syropu o smaku czekoladowym

INSTRUKCJE:
a) Rozłóż ciasto francuskie i połóż każdy arkusz na blasze do pieczenia.
b) Piec zgodnie z INSTRUKCJĄ na opakowaniu na złoty kolor.
c) Pozwól ciastu ostygnąć.
d) W dużej misce wymieszaj budyń z mlekiem, aż zgęstnieje.
e) Wmieszaj połowę ubitej polewy, aż dokładnie się wymiesza.
f) Wystudzone ciasto połamać na duże kawałki i jedną trzecią ułożyć na dnie dużej szklanej miski lub drobnego naczynia.
g) Na to wyłóż połowę masy budyniowej i skrop jedną trzecią syropu czekoladowego.
h) Powtórzyć układanie warstw, po czym posypać resztą połamanego ciasta, ubitą polewą i pozostałym syropem czekoladowym.
i) Przykryć i schłodzić przez co najmniej 2 godziny przed podaniem.

59. Balsamiczna tarta z brzoskwiniami i brie

Sprawia: 6

SKŁADNIKI

- 1 arkusz mrożonego ciasta francuskiego, rozmrożonego
- ⅓ szklanki pesto cytrynowo-bazyliowego
- 1 (8 uncji) kółko sera Brie, oskórowane i pokrojone w plasterki
- 2 dojrzałe brzoskwinie, pokrojone w cienkie plasterki
- Oliwa z oliwek z pierwszego tłoczenia
- Sól koszerna i świeżo zmielony pieprz
- 3 uncje cienkiego plasterka prosciutto, podartego
- ¼ szklanki octu balsamicznego
- 2 do 3 łyżek miodu
- Świeże liście bazylii, do podania

INSTRUKCJE:

1. Rozgrzej piekarnik do 425°F. Wyłóż obramowaną blachę do pieczenia papierem pergaminowym.
2. Delikatnie rozwałkuj ciasto francuskie na czystej powierzchni roboczej na grubość 1/8 cala i przenieś je na przygotowaną blachę do pieczenia. Nakłuj całe ciasto widelcem, następnie równomiernie rozsmaruj pesto na cieście, pozostawiając ½-calowy brzeg. Ułóż Brie i brzoskwinie na pesto i lekko skrop oliwą z oliwek. Doprawić solą i pieprzem, posypać prosciutto. Posyp brzegi ciasta pieprzem.
3. Piec, aż ciasto będzie złote, a prosciutto chrupiące, od 25 do 30 minut.
4. W międzyczasie w małej misce wymieszaj ocet i miód.
5. Wyjmij tartę z piekarnika, posyp listkami bazylii i skrop mieszanką miodu. Pokrój na kawałki i podawaj na ciepło.

60. Tarta z cebulą i prosciutto

Ilość: 8 porcji

SKŁADNIKI
- ½ funta ciasta francuskiego
- 4 duże cebule; posiekana
- 3 uncje prosciutto; pokrojone w kostkę
- ½ łyżeczki tymianku
- ½ łyżeczki rozmarynu
- 2 łyżki oliwy z oliwek
- 12 dużych czarnych oliwek w oliwie; dziobaty
- Świeżo zmielony czarny pieprz
- W razie potrzeby sól
- 1 jajko

Cebulę smażymy na oleju z ziołami, aż cebula będzie przezroczysta. Dodaj prosciutto i gotuj 3 minuty. Doprawić pieprzem i sprawdzić sól. Chłod. Rozwałkuj ciasto na prostokąt o wymiarach 11 na 9. Wytnij 4 paski ciasta, aby utworzyć brzegi i dociśnij je do krawędzi prostokąta. Przełóż na blachę i posmaruj krawędzie ubitym jajkiem. Schładzaj ½ godziny. Rozgrzej piekarnik do 425°C. Przygotowane ciasto posmarować masą cebulową, piec 30 minut, zmniejszyć ogień do 300, udekorować tartę pokrojonymi w plasterki oliwkami i piec kolejne 15 minut.

61. Zapiekanka Smores

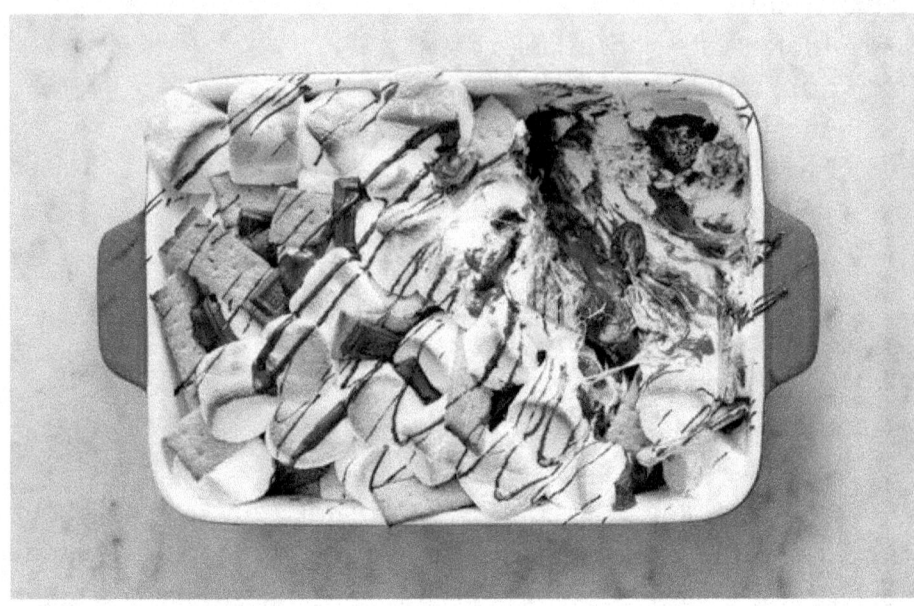

Na: 8 porcji

SKŁADNIKI
- 2 arkusze mrożonego ciasta francuskiego, rozmrożone
- 1 funt serka śmietankowego, zmiękczony
- 1 szklanka granulowanego cukru
- Krem marshmallow w słoiczku o pojemności 7 uncji
- 9 krakersów graham
- 6 łyżek roztopione, niesolone masło
- 1 szklanka półsłodkich kawałków czekolady
- 2 szklanki miniaturowych pianek marshmallow

INSTRUKCJE:

a) Rozgrzej piekarnik do 375°. Lekko spryskaj blachę do pieczenia o wymiarach 9 x 13 nieprzywierającym sprayem kuchennym. Rozwałkuj 1 arkusz ciasta francuskiego tak dużego, aby zmieścił się na dnie formy do pieczenia. Ciasto francuskie połóż na dnie formy. Całość ciasta francuskiego nakłuj widelcem.

b) Piec przez 4 minuty. Wyjmij z piekarnika i całkowicie ostudź przed napełnieniem.

c) Do miski dodaj serek śmietankowy i ¾ szklanki granulowanego cukru. Używając miksera ustawionego na średnią prędkość, ubijaj, aż masa będzie gładka i połączona. Do miski dodaj krem marshmallow. Mieszaj do połączenia i rozsmaruj na cieście francuskim na patelni.

d) W małej misce pokruszyć krakersy graham na okruchy. Do miski dodaj 2 łyżki granulowanego cukru i 3 łyżki masła. Mieszaj do połączenia i posyp wierzch kremowego nadzienia.

e) Na wierzch posypujemy kawałkami czekolady i miniaturowymi piankami marshmallow. Drugi arkusz ciasta francuskiego rozwałkuj tak, aby zakrył wierzch.

f) Całość ciasta nakłuj widelcem i ułóż na wierzchu naczynia żaroodpornego. Posmaruj wierzch ciasta francuskiego 3 łyżkami masła. Posyp wierzch pozostałym granulowanym cukrem.

g) Piec przez 12-15 minut lub do momentu, aż ciasto francuskie będzie puszyste i złocistobrązowe.

h) Wyjąć z piekarnika i ostudzić przez 5 minut przed podaniem.

62. Bureki

Na: 18 MAŁYCH CIASTECZEK

SKŁADNIKI
- 500 g najwyższej jakości ciasta francuskiego maślanego
- 1 duże ubite jajko z wolnego wybiegu

NADZIENIE Z RICOTTY
- ¼ szklanki / 60 g twarogu
- ¼ szklanki / 60 g sera ricotta
- ⅔ szklanki / 90 szt. pokruszonego sera feta
- 2 łyżeczki / 10 g roztopionego niesolonego masła

NADZIENIE PECORINO
- 3½ łyżki / 50 g serka ricotta
- ⅔ szklanki / 70 g tartego dojrzewającego sera pecorino
- ⅓ szklanki / 50 g startego dojrzewającego sera Cheddar
- 1 por pokrojony w 5-centymetrowe segmenty, blanszowany do miękkości i drobno posiekany (w sumie ¾ szklanki / 80 g)
- 1 łyżka posiekanej natki pietruszki płaskolistnej
- ½ łyżeczki świeżo zmielonego czarnego pieprzu

POSIEW
- 1 łyżeczka nasion czarnuszki
- 1 łyżeczka nasion sezamu
- 1 łyżeczka nasion gorczycy żółtej
- 1 łyżeczka nasion kminku
- ½ łyżeczki płatków chili

INSTRUKCJE

a) Ciasto rozwałkować na dwa kwadraty o średnicy 30 cm każdy i grubości 3 mm. Ułóż arkusze ciasta na wyłożonej pergaminem blasze do pieczenia – mogą układać się jeden na drugim, umieszczając pomiędzy nimi arkusz pergaminu – i pozostaw w lodówce na 1 godzinę.

b) Umieść każdy zestaw SKŁADNIKÓW nadzienia w osobnej misce. Wymieszaj i odłóż na bok. Wszystkie nasiona wymieszaj w misce i odłóż na bok.

c) Pokrój każdy arkusz ciasta na kwadraty o boku 10 cm; powinieneś otrzymać w sumie 18 kwadratów. Podzielić pierwsze nadzienie równomiernie na połowę kwadratów, nakładając je łyżką na środek każdego kwadratu. Posmaruj jajkiem dwie sąsiednie krawędzie każdego kwadratu, a następnie złóż kwadrat na pół, tworząc trójkąt. Wypuść całe powietrze i mocno ściśnij boki. Chcesz bardzo dobrze docisnąć krawędzie, aby nie otworzyły się podczas gotowania. Powtórzyć z pozostałymi kwadratami ciasta i drugim nadzieniem. Ułożyć na blaszce wyłożonej pergaminem i wstawić do lodówki na co najmniej 15 minut, żeby stwardniało. Rozgrzej piekarnik do 220°C/425°F.

d) Posmaruj dwa krótkie brzegi każdego ciasta jajkiem i zanurz je w mieszance nasion; wystarczy niewielka ilość nasion o szerokości zaledwie ⅛ cala / 2 mm, ponieważ są one dość dominujące. Wierzch każdego ciasta posmaruj również odrobiną jajka, unikając nasion.

e) Upewnij się, że ciasta są rozmieszczone w odległości około 1¼ cala / 3 cm. Piec przez 15 do 17 minut, aż całe ciasto będzie złociste. Podawać na ciepło lub w temperaturze pokojowej. Jeśli podczas pieczenia część nadzienia wyleje się z ciastek, po prostu delikatnie włóż je z powrotem, gdy wystygną na tyle, że będzie można je unieść.

63. Tarta Klonowo-Gruszkowa Tatin

8 Wydajność: 1 1-calowa tarta

SKŁADNIKI
- ½ (17,3 uncji) opakowania mrożonego ciasta francuskiego, rozmrożonego
- ¼ szklanki masła
- ⅓ szklanki brązowego cukru
- ¼ łyżeczki mielonego cynamonu
- 1 szczypta mielonej gałki muszkatołowej
- ¼ szklanki syropu klonowego
- 4 średnio twarde gruszki – obrane, wydrążone i przekrojone na połówki

INSTRUKCJES

a) Rozgrzej piekarnik do 375 stopni F (190 stopni C).
b) Rozwałkuj ciasto francuskie na lekko posypanej mąką powierzchni na grubość 1/4 cala; umieścić w lodówce.
c) Rozpuść masło na 9-calowej żeliwnej patelni na średnim ogniu; dodaj brązowy cukier, cynamon i gałkę muszkatołową, gotuj i mieszaj, aż cukier się rozpuści, około 5 minut. Zamieszać
d) mieszanina syropu klonowego z brązowym cukrem; gotować, mieszając, aż mieszanina zacznie wrzeć.
e) Zdejmij patelnię z ognia.
f) Połóż jedną połówkę gruszki, przecięciem do góry, na środku patelni. Pokrój pozostałe połówki gruszek
g) znowu połowa; ułóż ćwiartki gruszek wokół środkowej gruszki, rozcięciem do góry. Umieść patelnię na średnim ogniu; gotuj gruszki, polewając mieszaniną syropu, aż zaczną mięknąć, około 5 minut. Zdejmij patelnię z ognia.
h) Wyjmij ciasto francuskie z lodówki; Połóż ciasto na gruszkach, zawijając brzegi ciasta wokół gruszek znajdujących się na patelni.
i) Piec w nagrzanym piekarniku, aż ciasto będzie puszyste i złociste, około 20 minut; pozostawić do ostygnięcia na 5 minut. Połóż talerz do serwowania na patelni; odwrócić, aby wyjąć tartę (patelnia będzie nadal gorąca). Podawać na ciepło.

64. Tarty serowe Gruszka Baileys

Robi: 10

SKŁADNIKI
- 1 opakowanie ciasta francuskiego
- 6 uncji serka śmietankowego, zmiękczonego
- 1/4 szklanki cukru
- 1 duże jajko
- 1 łyżeczka ekstraktu waniliowego
- 1 łyżka Baileysa
- 2 małe gruszki
- 1 łyżeczka wody
- 1 łyżeczka soku z cytryny
- 1 łyżeczka cukru
- 1 szczypta gałki muszkatołowej
- 1 łyżka serka śmietankowego
- 1 łyżka Baileysa
- 1 łyżka mleka
- 1/2 szklanki cukru pudru

INSTRUKCJE

a) Nagrzej piekarnik do 350 stopni.

b) Ciasto francuskie rozmrozić i dużą foremką wyciąć 10 kawałków. Jeśli nie masz foremki do ciastek, która będzie działać, pokrój na 10 kółek o średnicy 5 cali. Wciśnij każdy kawałek ciasta do formy na muffiny, upewniając się, że ciasto sięga aż do boków wnęk. Odłożyć na bok.

c) W średniej misce wymieszaj serek śmietankowy i cukier, aż dobrze się wymieszają. Dodaj jajko, wanilię i Baileys i ubijaj, aż masa będzie gładka. Odłożyć na bok.

d) Wydrążyć i pokroić gruszki w cienkie plasterki. Umieść gruszki w misce nadającej się do kuchenki mikrofalowej. Wymieszaj gruszki z wodą, sokiem z cytryny, cukrem i gałką muszkatołową. Wstaw do mikrofalówki na 2 minuty lub do momentu, aż gruszki lekko zmiękną. Odcedź nadmiar płynu.

e) Napełnij każdą skorupę tarty około jedną czubatą łyżką nadzienia sernikowego, a następnie ułóż gruszki.

f) Piec w temperaturze 350 stopni przez 30-35 minut lub do momentu, aż nadzienie się napęcznieje, a ciasto będzie złotobrązowe.

g) Wyjąć na kratkę do ostygnięcia.

h) Wymieszaj serek śmietankowy, mleko i Baileys. Dodaj cukier puder i ubijaj, aż masa będzie gładka. Każdą tartę posmaruj łyżeczką glazury. Podawać na ciepło lub schłodzone.

65. Marynowane krewetki Tarta czosnkowa

Na: 1 porcję

SKŁADNIKI
- 18 dużych krewetek
- 10 zmiażdżonych ząbków czosnku
- 1 szczypta szafranu
- 1 szklanka oliwy z oliwek
- 6 cebul
- 1 puszka Obranych pomidorów; (8 uncji)
- 2 anchois
- ¼ szklanki oliwek Kalamata
- 4 gałązki tymianku
- 1 arkusz ciasta francuskiego
- 2 główki frisée
- 6 pęczków Mache

INSTRUKCJE:

a) Dzień przed przygotowaniem tego dania zamarynuj krewetki w mieszance 4 zmiażdżonych ząbków czosnku, czarnego pieprzu, ½ szklanki oliwy z oliwek i 1 szczypty szafranu. Schłodzić przez noc.

b) Aby przygotować marmoladę, obierz cebulę, przekrój ją na pół i pokrój w cienkie plasterki.

c) W rondlu na małym ogniu z 2 łyżkami oleju podsmaż cebulę, aż będzie przezroczysta.

d) Pomidory odcedzamy, usuwamy gniazda nasienne, drobno siekamy i dodajemy do cebuli.

e) Dodać pokrojone anchois, posiekane oliwki i tymianek, gotować przez 3 godziny na bardzo małym ogniu, często mieszając.

f) W międzyczasie wytnij 6 krążków ciasta francuskiego o średnicy około 3½ cala.

g) Ułożyć na blasze przykrytej drugim arkuszem i piec w piekarniku przez 6 minut w temperaturze 350 stopni.

h) Przygotuj frisée, odcinając zieloną część sałaty, użyj tylko białej części. Posiekaj frisée i dobrze umyj, zachowaj.

i) Na dużej patelni na średnim ogniu podgrzej ¼ szklanki oliwy, aż będzie gorąca i smaż krewetki, aż będą różowe i zwinięte.

j) Na każdym krążku tarty ułóż marmoladę pomidorową i piecz w piekarniku przez 5 minut. Dopraw frisée odrobiną oliwy z oliwek, solą i pieprzem. Wyjmij tartę z piekarnika i połóż na talerzu, połóż na niej odrobinę frisée i przykryj krewetkami. Udekoruj liśćmi sałaty Mache.

k) Skropić tartę oliwą z oliwek i podawać.

66. Tarta z buraków, tymianku i koziego sera

Sprawia: 4

SKŁADNIKI
- 2 x 320 g arkuszy gotowego ciasta francuskiego
- 250 g serka śmietankowego
- 150 g chutneyu z czerwonej cebuli
- 400 g gotowanych buraków
- 2 łyżeczki liści tymianku
- 1 łyżeczka nasion czarnuszki
- 120 g miękkiego sera koziego
- 1 łyżka płynnego miodu
- 1 jajko, lekko ubite
- Sól morska i świeżo zmielony czarny pieprz
- Do sałatki z gruszką i rukolą
- 50 g łuskanych orzechów włoskich
- 120 g liści rukoli
- 1 mała dojrzała gruszka, pozbawiona gniazda nasiennego i pokrojona w plasterki
- 3 łyżki oliwy z oliwek z pierwszego tłoczenia
- 1 ½ łyżki białego octu balsamicznego

INSTRUKCJE:

a) Rozgrzej piekarnik do 220°C/200°C z termoobiegiem/gaz 7. Wyłóż dwie blachy do pieczenia papierem do pieczenia.

b) Orzechy włoskie ułóż na osobnej, małej blasze do pieczenia i piecz w piekarniku przez 5 minut. Odłóż na bok, aż będzie potrzebne.

c) Za pomocą ostrego noża i okrągłego talerza lub miski o średnicy 22 cm wytnij okrąg z każdego arkusza ciasta. Na przygotowanych arkuszach układamy kółka, a środek każdego z nich kilka razy nakłuwamy widelcem.

d) Wymieszaj serek śmietankowy i chutney cebulowy, a następnie rozprowadź połowę mieszanki na każdym okręgu, pozostawiając 2 cm margines.

e) Za pomocą mandoliny pokrój buraki w cienkie plasterki. Ułóż je na chutneyu w lekko nachodzących na siebie okręgach.

f) Posyp listkami tymianku, nasionami czarnuszki i kawałkami koziego sera, skrop miodem i dopraw solą i pieprzem. Posmaruj brzegi ciasta rozmąconym jajkiem, a następnie włóż do piekarnika na dwie najwyższe półki na 15–20 minut lub do momentu, aż ciasto będzie złociste i chrupiące.

g) W międzyczasie do dużej miski włóż rukolę i gruszkę, dopraw solą i pieprzem. Oliwę i ocet wymieszaj, następnie polej sałatkę i dobrze wymieszaj. Orzechy włoskie drobno posiekaj i posyp nimi sałatkę.

h) Wyjmij tarty z piekarnika i pokrój je w kliny. Podawać z sałatką z rukoli.

67. Strudel grzybowy

Sprawia: 6

SKŁADNIKI
- 2 szalotki, posiekane
- ½ szklanki białego wina
- 8 uncji crimini, pokrojonej w plasterki
- 8 uncji shiitake, pokrojonego w plasterki
- 1 ½ szklanki gęstej śmietanki
- ½ łyżeczki tymianku, świeżego
- Sól i czarny pieprz do smaku
- 1 jajko, ubite
- 12 4-calowych kwadratów ciasta francuskiego

INSTRUKCJE:
i) Gotuj grzyby i szalotkę w winie, aż wino odparuje. Dodać śmietanę, tymianek oraz sól i pieprz.
j) Zredukuj o połowę i wstaw do lodówki na kilka godzin lub do momentu, aż krem stwardnieje. Włóż 1 okrągłą łyżeczkę mieszanki grzybów do ciasta, złóż i posmaruj rozmąconym jajkiem.
k) Piec w piekarniku przez około 8-12 minut lub do złotego koloru. Podgrzej pozostałą mieszaninę grzybów i podawaj ze strudelem.

68. Szynka szwarcwaldzka i tarta Gruyere

1 arkusz mrożonego ciasta francuskiego, rozmrożonego
1 szklanka pokrojonej w plasterki szynki szwarcwaldzkiej
1 szklanka startego sera Gruyere
1/4 szklanki posiekanej świeżej pietruszki
3 jajka
1/2 szklanki gęstej śmietanki
Sól i czarny pieprz do smaku
Wskazówki: Rozgrzej piekarnik do 375°F. Blachę do pieczenia wyłóż papierem pergaminowym. Rozłóż ciasto francuskie i połóż je na przygotowanej blasze. Połóż pokrojoną w plasterki szynkę na cieście francuskim, pozostawiając 1-calowy margines wokół krawędzi. Posyp szynkę startym serem Gruyere. W misce wymieszaj jajka, gęstą śmietanę, pietruszkę, sól i czarny pieprz. Wylać masę jajeczną na szynkę i ser. Piec przez 25-30 minut lub do momentu, aż skórka będzie złocistobrązowa, a masa jajeczna się zetnie. Odczekaj kilka minut przed pokrojeniem i podaniem.

69. Tarty z dżemem wiśniowym

Porcje: 6

SKŁADNIKI
- 2 arkusze ciasta kruchego

Dla frangipanu:
- 4 uncje zmiękczonego masła
- 4 uncje złotego cukru pudru
- 1 jajko
- 1 łyżka mąki zwykłej
- 4 uncje zmielonych migdałów
- 3 uncje dżemu wiśniowego

Na lukier:
- 1 szklanka cukru pudru
- 12 lukrowanych wiśni

INSTRUKCJE

a) Nasmaruj masłem 12 foremek na muffiny.
b) Ciasto francuskie rozwałkuj na placek o średnicy 10 cm i wytnij z niego 12 krążków.
c) Umieść te rundy w każdej foremce na muffinki i wciśnij je w te miseczki.
d) Blachę z muffinami włóż do lodówki i pozostaw na 20 minut.
e) Dodaj suszoną fasolę lub rośliny strączkowe do każdego ciasta, aby zwiększyć wagę.
f) Przenieś blachę na muffiny na drucianą kratkę w cyfrowym piekarniku Ninja Foodi i zamknij drzwiczki.
g) Wybierz tryb „Pieczenie", obracając pokrętło.
h) Naciśnij przycisk CZAS/PŁASKI i zmień wartość na 10 minut.
i) Naciśnij przycisk TEMP/SHADE i zmień wartość na 350°F.
j) Naciśnij przycisk Start/Stop, aby rozpocząć gotowanie.
k) Teraz usuń wysuszoną fasolę ze skorupy i piecz ponownie przez 10 minut w cyfrowym piekarniku Ninja Foodi.
l) W międzyczasie przygotować masę nadziewczą, ubić masło z cukrem i jajkiem na puszystą masę.
m) Dodać mąkę i zmielone migdały, następnie dobrze wymieszać.
n) Rozłóż to nadzienie na upieczonych spodach i posmaruj je łyżką konfitury wiśniowej.
o) Teraz ponownie umieść blachę na muffiny w cyfrowym piekarniku Ninja Foodi.
p) Kontynuuj gotowanie w trybie „Pieczenie" przez 20 minut w temperaturze 350°F.
q) Cukier puder utrzeć z 2 łyżkami wody i posypać upieczone tarty mieszanką cukru.
r) Podawać.

70. Ciasto Bananowe z Nutellą

Porcje: 4

SKŁADNIKI
- 1 arkusz ciasta francuskiego
- ½ szklanki Nutelli
- 2 banany, obrane i pokrojone w plasterki

INSTRUKCJE
a) Pokrój arkusz ciasta na 4 kwadraty jednakowej wielkości.
b) Na każdym kwadracie ciasta równomiernie rozsmaruj Nutellę.
c) Połóż plasterki banana na Nutelli.
d) Złóż każdy kwadrat w trójkąt i mokrymi palcami lekko dociśnij krawędzie.
e) Następnie widelcem mocno dociśnij krawędzie.
f) Naciśnij przycisk AIR OVEN MODE na cyfrowej frytkownicy Ninja Foodi i obróć pokrętło, aby wybrać tryb „Air Fry".
g) Naciśnij przycisk CZAS/PLASTERKI i ponownie obróć pokrętło, aby ustawić czas gotowania na 12 minut.
h) Teraz naciśnij przycisk TEMP/SHADE i obróć pokrętło, aby ustawić temperaturę na 375 °F.
i) Naciśnij przycisk „Start/Stop", aby rozpocząć.
j) Gdy urządzenie wyemituje sygnał dźwiękowy wskazujący, że jest wstępnie nagrzane, otwórz drzwiczki piekarnika.
k) Ułóż ciasta w natłuszczonym koszyku do smażenia na powietrzu i włóż do piekarnika.
l) Po upływie czasu gotowania otwórz drzwiczki piekarnika i podawaj na ciepło.

71. Tarta z pieczonych buraków i koziego sera

Składniki:

1 arkusz ciasta francuskiego, rozmrożonego
2 duże buraki, upieczone i pokrojone w plasterki
4 uncje sera koziego, pokruszonego
1/4 szklanki posiekanych orzechów włoskich
2 łyżki miodu
2 łyżki octu balsamicznego
2 łyżki oliwy z oliwek
Sól i pieprz do smaku
Instrukcje:

Rozgrzej piekarnik do 190°C (375°F).

Ciasto francuskie rozwałkowujemy na lekko posypanej mąką powierzchni.

Ciasto francuskie przełożyć na blachę do pieczenia.

Na wierzchu ciasta francuskiego ułóż upieczone i pokrojone w plasterki buraki.

Posyp buraki pokruszonym kozim serem i posiekanymi orzechami włoskimi.

Wierzch tarty skrop miodem, octem balsamicznym i oliwą z oliwek.

Doprawić solą i pieprzem, do smaku.

Piec przez 25-30 minut lub do momentu, aż ciasto będzie złotobrązowe.

Podawać na ciepło.

72. Ciasto z befsztykiem Alexandra Hamiltona

Składniki:

1 1/2 funta polędwicy wołowej, pokrojonej na małe kawałki
1/4 szklanki mąki
1 łyżeczka soli
1/2 łyżeczki czarnego pieprzu
3 łyżki masła
1 szklanka bulionu wołowego
1 szklanka pokrojonych w plasterki grzybów
1/2 szklanki posiekanej cebuli
1/2 szklanki posiekanego selera
1/2 szklanki posiekanej marchewki
2 łyżki posiekanej świeżej natki pietruszki
1/2 łyżeczki suszonego tymianku
1/4 łyżeczki suszonego rozmarynu
1 arkusz ciasta francuskiego
1 jajko, ubite

Wskazówki:

Rozgrzej piekarnik do 400°F.
W dużej misce wymieszaj mąkę, sól i czarny pieprz. Dodaj kawałki wołowiny i mieszaj, aż pokryją się mąką.
Rozpuść masło na dużej patelni na średnim ogniu. Dodaj wołowinę i smaż, aż zrumieni się ze wszystkich stron.
Na patelnię dodaj bulion wołowy, pieczarki, cebulę, seler, marchewkę, natkę pietruszki, tymianek i rozmaryn. Doprowadź do wrzenia, następnie zmniejsz ogień i gotuj na wolnym ogniu przez 10-15 minut, aż warzywa będą miękkie, a sos zgęstnieje.
Rozwałkuj ciasto francuskie na lekko posypanej mąką powierzchni i wyłóż nim foremkę na ciasto o średnicy 9 cali. Napełnij ciasto mieszanką wołową.
Brzegi ciasta posmaruj roztrzepanym jajkiem. Przykryj wierzch ciasta pozostałym ciastem, zaciskając krawędzie, aby je uszczelnić.
Posmaruj wierzch ciasta pozostałym ubitym jajkiem.
Piec w nagrzanym piekarniku przez 30-35 minut, aż ciasto będzie złotobrązowe.

73. Tarta z krewetkami, cebulą i pomidorami

Na: 1 porcję

SKŁADNIKI
- 18 dużych krewetek
- 10 zmiażdżonych ząbków czosnku
- 1 szczypta szafranu
- 1 szklanka oliwy z oliwek
- 6 cebul
- 8-uncjowa puszka obranych pomidorów
- 2 anchois
- ¼ szklanki oliwek Kalamata
- 4 gałązki tymianku
- 1 arkusz ciasta francuskiego
- 2 główki frisée
- 6 pęczków Mache

INSTRUKCJE:
a) Dzień przed przygotowaniem tego dania zamarynuj krewetki w mieszance 4 zmiażdżonych ząbków czosnku, czarnego pieprzu, ½ szklanki oliwy z oliwek i 1 szczypty szafranu. Schłodzić przez noc.
b) Aby przygotować marmoladę, obierz cebulę, przekrój ją na pół i pokrój w cienkie plasterki.
c) W rondlu na małym ogniu z 2 łyżkami oleju podsmaż cebulę, aż będzie przezroczysta.
d) Pomidory odcedzamy, usuwamy gniazda nasienne, drobno siekamy i dodajemy do cebuli.
e) Dodaj posiekane anchois, posiekane oliwki i tymianek i gotuj przez 3 godziny na bardzo małym ogniu, często mieszając.
f) W międzyczasie wytnij 6 krążków ciasta francuskiego o średnicy około 3½ cala.
g) Ułożyć na blasze przykrytej drugim arkuszem i piec w piekarniku przez 6 minut w temperaturze 350 stopni.
h) Przygotuj frisée, odcinając zieloną część sałaty, używając tylko białej części. Posiekaj frisée i dobrze umyj rezerwę.

i) Na dużej patelni na średnim ogniu podgrzej ¼ szklanki oliwy, aż będzie gorąca i smaż krewetki, aż będą różowe i zwinięte.

j) Na każdym krążku tarty ułóż marmoladę pomidorową i piecz w piekarniku przez 5 minut. Dopraw frisée odrobiną oliwy z oliwek, solą i pieprzem.

k) Wyjmij tartę z piekarnika i połóż ją na talerzu, połóż na niej odrobinę frisée i przykryj krewetkami.

l) Udekoruj liśćmi sałaty Mache.

m) Skropić tartę oliwą z oliwek i podawać.

74. Tarta z orzeszkami piniowymi

Na: 4 porcje

SKŁADNIKI
- 1 arkusz ciasta francuskiego
- 2 szklanki orzeszków piniowych
- 2 łyżki miodu
- 1 szklanka cukru
- 3 jajka
- 3 łyżki oliwy z oliwek Extra Virgin
- Skórka z 1 cytryny
- 2 łyżki likieru orzechowego

INSTRUKCJE:
a) Rozgrzej piekarnik do 425 stopni. Umieść ciasto ciasno w muszli, zaciskając krawędzie dodatkowym ciastem, aby utrzymać krawędzie. Ciasto przykryj pergaminem, posyp suszoną białą fasolą i włóż do piekarnika.
b) Gotuj przez 8 do 10 minut, usuń pergamin i fasolę i gotuj, aż będzie sucha i jasnozłocistobrązowa, jeszcze około 8 do 10 minut. Wyjmij i pozostaw do ostygnięcia.
c) W misce wymieszaj orzeszki piniowe, miód, cukier, jajka, oliwę z oliwek, skórkę z cytryny i alkohol na gładką masę. Wlać do ostudzonego ciasta i piec 20 minut lub do momentu, aż ciasto będzie dość twarde i lekko zarumienione z wierzchu.
d) Pozostawić do ostygnięcia do temperatury pokojowej i podawać.

75. Tarta tatin z jabłkami i rodzynkami

Ilość: 6 porcji

SKŁADNIKI

- 2 łyżki masła
- 3 łyżki rumu
- 1 szklanka mieszanki rodzynek i porzeczek
- 2 funty jabłek Med
- Opakowanie 17 uncji mrożonego ciasta francuskiego
- ¼ szklanki Plus 2 łyżki białego cukru
- Piekarnik: 400F

INSTRUKCJE:

a) Obierz jabłka, wydrąż gniazda nasienne i pokrój jabłka na ósemki. Napełnij miskę wystarczająco dużą, aby pomieścić żeliwną patelnię o średnicy 9 cali, kostkami lodu, a następnie uzupełnij wodą. Rozpuść masło w żeliwnej patelni o średnicy 9 cali na średnim ogniu. Dodaj cukier.

b) Mieszaj, aż uzyskasz brązowy kolor i TYLKO karmelizację. Umieść patelnię w lodowatej wodzie, aby stwardniała, a następnie umieść ją na stojaku do studzenia. Ustaw piekarnik. Do miski włóż rodzynki i porzeczki. Dodaj rum i zalej gorącą wodą. Odcedź po około 5 minutach.

c) Posyp karmel jedną trzecią rodzynków i porzeczek. Ułóż plasterki jabłka zaokrągloną stroną do dołu i ułóż jak najbliżej siebie, tworząc okrężny wzór. Posyp pozostałymi rodzynkami i porzeczkami.

d) Ciasto pokroić o 2 cale większe niż patelnia. Połóż ciasto na wierzchu i zawiń boki i krawędzie zewnętrznego rzędu jabłek. Piecz przez 30 minut, a następnie jeszcze gorące wyjmij na ozdobny talerz.

e) Podawać jeszcze ciepłe ze świeżą bitą śmietaną.

76. Tarta z leśnymi grzybami i kozim serem

Na: 2 porcje

SKŁADNIKI
- Gotowe ciasto francuskie o wadze 375 gramów
- 1 jajko; bity
- 50 gramów masła
- 250 gram Mieszanka grzybów
- 2 duże ząbki czosnku
- 1 mała pęczek natki pietruszki płaskolistnej
- 1 łyżka octu balsamicznego
- 150 gramów kremowego sera koziego
- 2 łyżki oliwy z oliwek
- 100 gramów pomidorków koktajlowych
- 1 Cytryna
- 1 mała pęczek bazylii
- 100 gramów liści szpinaku baby

INSTRUKCJE:
a) Rozgrzej piekarnik do 220°C/425°F/gaz 7.

b) Połóż ciasto na lekko posypanej mąką powierzchni, wytnij dwa prostokąty o wymiarach 12 x 15 cm i ułóż je na nieprzywierającej blasze do pieczenia.

c) Posmaruj roztrzepanym jajkiem i czubkiem ostrego noża zaznacz wewnątrz każdej tarty brzeg o szerokości 1 cm.

d) Nakłuj środkowy prostokąt widelcem i piecz w piekarniku przez osiem minut, aż dobrze wyrośnie i będzie złociste.

e) Rozgrzej dużą patelnię z masłem. Grzyby pokroić w drobną kostkę. Drobno posiekaj czosnek i dodaj do grzybów. Smaż przez 3-4 minuty, aż będzie ugotowany i złocisty.

f) Drobno posiekaj natkę pietruszki, dodaj połowę octu balsamicznego i smaż przez minutę. Dopraw solą i pieprzem, zachowaj. Do miski włóż kozi ser, dodaj pozostałą natkę pietruszki i dobrze wymieszaj. Doprawić pieprzem.

g) Wyjmij ciasto z piekarnika. Ostrożnie natnij wewnętrzny prostokąt ciasta i za pomocą plastra ryby spłaszcz środkową część ciasta.

h) Włóż ponownie formę z ciastem do piekarnika na kolejne 4-5 minut, aż ciasto będzie ugotowane i złociste.

i) Sałatka: Rozgrzej oliwę z oliwek na małej patelni. Pomidorki koktajlowe przekrawamy na pół i dodajemy na patelnię razem ze skórką z cytryny i odrobiną soku. Dobrze wymieszaj i dopraw solą i pieprzem.

j) Szpinak włóż do miski i polej ciepłym dressingiem.

k) Wyjąć tarty z piekarnika, posypać kozim serem i posypać ciepłymi grzybami. Przełożyć na talerz i podawać z sałatką.

77. Tarta z leśnymi grzybami i pecorino

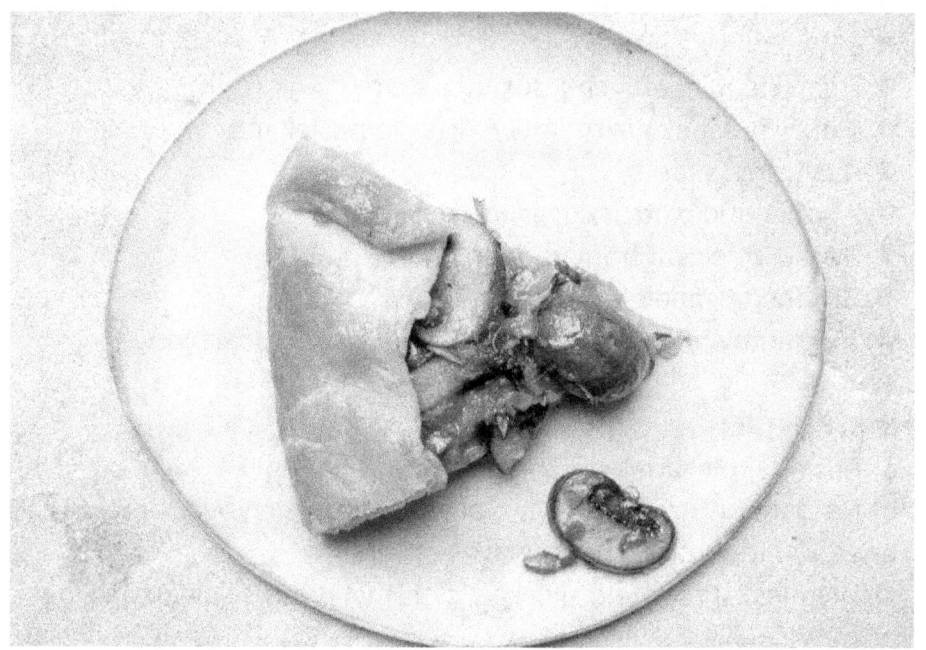

Na: 1 porcję

SKŁADNIKI
- 3 łyżki oliwy z oliwek
- 2 garście mieszanych leśnych grzybów
- 1 duży czosnek goździkowy; drobno posiekane
- ¼ cytryny; skórka
- 2 łyżki natki pietruszki; grubo posiekane
- 2 arkusze ciasta francuskiego
- Grubość 2 zapałek
- 75 gramów młodego sera pecorino; cienko pokrojony

INSTRUKCJE:
a) Rozgrzej piekarnik do 200°C.
b) Na patelni rozgrzej oliwę z oliwek, dodaj grzyby, dopraw i smaż energicznie, aż będą ugotowane.
c) Wymieszaj czosnek, skórkę z cytryny i pietruszkę. Zdjąć z ognia i odstawić.
d) Naoliwić blachę do pieczenia. Połóż na nim dwa arkusze ciasta. Ułóż grzyby warstwą na środku każdego arkusza. Włóż do piekarnika i piecz przez 20-25 minut lub do złotego koloru.
e) Wyjąć z piekarnika, posypać Pecorino i ponownie wstawić do piekarnika na 3-4 minuty. Wyjmij i podawaj natychmiast.

78. Tarty Jabłkowe Z Syropem

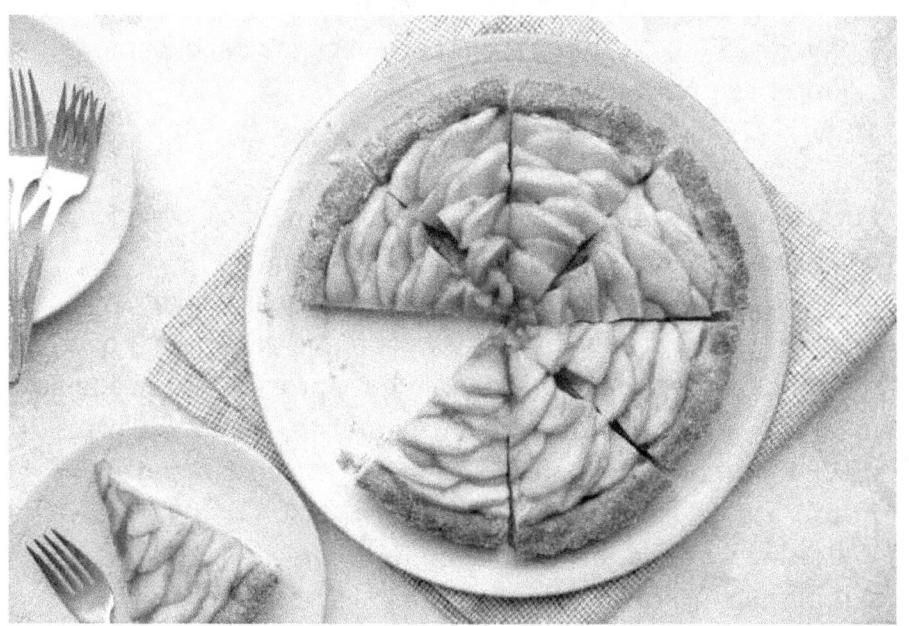

Na 8 tart

1 arkusz ciasta francuskiego, rozmrożonego
- 1 pinta (475 ml) plasterków bimberowego jabłka, odsączone, syrop zarezerwowany
- 1½ łyżki (23 ml) grzanego syropu cydrowego

a) Rozgrzej piekarnik do 400°F (205°C). Blachę do pieczenia wyłóż papierem pergaminowym i odłóż na bok.
b) Arkusz ciasta francuskiego pokroić na cztery prostokąty. Przenieś prostokąty na blachę wyłożoną pergaminem. Pokrój plasterki bimberowego jabłka pomiędzy prostokąty, układając je tak, aby nachodziły na siebie w jednej linii. Piec tarty przez 20 do 25 minut lub do momentu, aż ciasto francuskie będzie złotobrązowe.
c) W czasie pieczenia tart wymieszaj lub wymieszaj 1 łyżeczkę syropu z kawałków bimberu z grzanym syropem cydrowym. Zaraz po wyjęciu tarty z piekarnika posmaruj jabłkami. Pozostaw tarty do ostygnięcia na blasze przez 10 minut, a następnie ostrożnie przenieś je za pomocą szpatułki na kratkę do studzenia. Podawać na ciepło lub w temperaturze pokojowej.

79. Grillowana tarta z zieloną cebulą

Ilość: 4 porcje

SKŁADNIKI
- 8 całych zielonych cebul
- 1 kropla oliwy z oliwek
- 1 sól; do smaku
- 1 świeżo zmielony czarny pieprz; do smaku
- 4 czterocalowe muszle z ciasta francuskiego; pieczone na ślepo
- 2 szklanki młodych ziemniaków drobno podzielonych na segmenty; blanszowane
- Ser provolone 4 segmentowy
- ½ szklanki chrupiących kawałków bekonu
- 1 łyżka drobno posiekanej natki pietruszki

INSTRUKCJE:
- ☑ Rozgrzej grill do 350 stopni.
- ☑ Dopraw zieloną cebulę oliwą z oliwek, solą i pieprzem. Połóż cebulę na grillu i smaż przez 1 minutę z każdej strony. Wyjmij go z grilla. Posmaruj każdą skorupę ciasta oliwą z oliwek.
- ☑ Każdą muszlę doprawiamy solą i pieprzem. Zaczynając od środka ciasta, układaj ziemniaki warstwami i formuj wir na każdej tartie. Ziemniaki doprawić solą i pieprzem.
- ☑ Połóż kawałek sera na warstwie ziemniaków. Na każdą tartę połóż dwie grillowane zielone cebule. Posmaruj każdą tartę boczkiem.
- ☑ Połóż tarty na blasze do pieczenia i piecz przez 8 do 10 minut lub aż ser się roztopi, a tarty staną się złotobrązowe. Połóż tartę na talerzu i udekoruj natką pietruszki.

80. Wiosenna tarta z mikrogreenami

Sprawia: 9 kwadratów

SKŁADNIKI
- 1 arkusz ciasta francuskiego
- mycie jajek
- ziołowy sernik do smarowania
- Łagodna mieszanka mikrogreenów
- pokrojone rzodkiewki
- Skórka z 1 cytryny
- Oliwa z oliwek
- sól i pieprz do smaku

INSTRUKCJE:
a) Natnij 1-calową granicę wokół krawędzi 1 arkusza ciasta francuskiego, aby uzyskać 10-calowy kwadrat.
b) Umyj powierzchnię jajkiem.
c) Piec przez 20 minut w temperaturze 400 stopni, aż do zrumienienia. Dopraw solą i pieprzem do smaku.
d) Podawać z ziołową pastą serową, mikrogreenami, plasterkami rzodkiewki, skórką z cytryny i oliwą z oliwek z pierwszego tłoczenia.

81. Mazurek z kremem czekoladowym

Porcje: 10
SKŁADNIKI
Ciasto
a) 2 szklanki mąki orkiszowej lub zwykłej pszennej
b) 100 g płynnego oleju kokosowego
c) 1 czubata łyżka skrobi
d) 2 łyżki nierafinowanego cukru pudru
e) 10–12 łyżek zimnej wody

Krem
f) 15 listków mięty
g) 1 ½ szklanki ugotowanej białej fasoli
h) 100 gramów ciemnej czekolady (70% kakao)
i) sok i skórka z 1 pomarańczy
j) 1 łyżeczka cynamonu
k) 2-3 łyżeczki syropu daktylowego lub innego syropu

INSTRUKCJES
Ciasto
h) W misce wymieszaj mąkę, skrobię i cukier puder. Całkowicie wymieszaj olej kokosowy. Powoli wlewaj wodę. Dokładnie ugniataj.
i) Ciasto powinno być miękkie i elastyczne, podobne do tego, które stosuje się na pierogi. Rozwałkować na papierze do pieczenia na grubość 4-5 mm. Zrób z papieru prostokąt lub inną formę. Całość nakłuwamy widelcem.
j) Rozgrzej piekarnik do 190°C/375°F i piecz przez 20 minut. Daj czas na ochłodzenie.

Krem
k) Połącz fasolę, miętę i syrop w blenderze, aż uzyskasz gładką masę.
l) Doprowadzić sok i skórkę do wrzenia. Mieszaj czekoladę, aż się rozpuści. Ostrożnie wymieszaj zmiksowaną fasolę i cynamon.
m) Kremem smarujemy ciasto francuskie i dekorujemy dodatkami. Przechowywać w lodówce, aż krem zgęstnieje.

82. Wakacyjna szarlotka

Porcje: 15-17

SKŁADNIKI

- 3 szklanki mąki orkiszowej lub zwykłej pszennej
- 2 płaskie łyżki skrobi
- 2 płaskie łyżki nierafinowanego cukru pudru
- 50 gramów płynnego oleju kokosowego
- 15 łyżek zimnej wody
- 2 kg gotowanych jabłek
- 1 łyżeczka cynamonu
- 1 łyżeczka mielonego kardamonu
- 1 szklanka rodzynek
- 1 szklanka orzechów włoskich
- 1 szklanka bułki tartej

INSTRUKCJES

a) Ostrożnie wymieszaj mąkę, skrobię, cukier puder i olej kokosowy. Dodawaj po łyżce wody, mieszając lub zagniatając ciasto po każdym dodaniu. Po wymieszaniu wszystkich składników ciasto zagniatamy aż będzie elastyczne i gładkie.

b) Ciasto podzielić na dwie równe połowy. Jeden z nich należy rozwałkować na blasze wyłożonej papierem do pieczenia o wymiarach 20 x 30 cm. Ciasto nakłuć kilka razy widelcem, ułożyć na naczyniu do zapiekania i wstawić do lodówki na 30 minut. Pozostałą porcję ciasta włóż do zamrażarki na 45 minut.

c) Wyjmij blachę z lodówki i piecz w temperaturze 190°C przez 15 minut. Pozwól sobie na relaks. W międzyczasie przygotuj jabłka.

d) Obierz jabłka i usuń gniazda nasienne. Za pomocą tarki lub krajalnicy mandoliny zetrzyj ser. W misce wymieszaj cynamon, rodzynki i grubo posiekane orzechy włoskie. Można dodać miodu, jeśli jabłka są zbyt kwaśne.

e) Na na wpół wypieczony spód równomiernie rozsypujemy bułkę tartą. Następnie jabłka należy posypać ciastem francuskim.

f) Połóż zamrożone ciasto na jabłkach i zetrzyj je. Rozgrzej piekarnik do 180°C/350°F i piecz przez 1 godzinę.

83. Australijski pływak na ciasto

SKŁADNIKI

- 1 duża brązowa cebula, drobno posiekana
- 2 łyżki oleju roślinnego
- 1 funt chudej, drobno posiekanej lub mielonej wołowiny
- 3/4 szklanki wywaru wołowego lub warzywnego
- 1 łyżka skrobi kukurydzianej
- Szczypta soli
- Szczypta pieprzu
- 2 arkusze mrożonego ciasta na pierogi
- 2 arkusze mrożonego ciasta francuskiego
- 4 szklanki bulionu wołowego
- 2 łyżeczki sody oczyszczonej
- 1 funt suszonego zielonego groszku, namoczonego przez noc w wystarczającej ilości wody, aby przykryć
- 1 łyżeczka sody oczyszczonej

INSTRUKCJE

a) Dzień wcześniej włóż groszek do głębokiej patelni, zalej wodą zmieszaną z sodą oczyszczoną i odstaw na noc. Odcedź, gdy będzie gotowy do gotowania.
b) Rozgrzej piekarnik do 450°F.
c) W garnku na odrobinie oleju podsmaż cebulę. Dodaj wołowinę i podsmaż ją.
d) Dodaj bulion, przyprawy i skrobię kukurydzianą. Gotuj na średnim ogniu, ciągle mieszając, aby dodać skrobię kukurydzianą, aż powstanie gęsty sos, około pięciu minut.
e) Nasmaruj tłuszczem cztery formy do ciasta o wymiarach 3 × 6 cali. Z ciasta kruchego wytnij koła o wymiarach 3 × 7 cali, aby wyłożyć dno i boki patelni. Napełnij mieszanką wołowiny i sosu. Posmaruj felgi wodą.
f) Z ciasta francuskiego wytnij koła o wymiarach 3 × 7 cali. Połóż na mięsie. Naciśnij, aby uszczelnić. Przycinać. Ułóż placki na gorącej blasze.
g) Piec w nagrzanym piekarniku przez 20–25 minut lub na złoty kolor.
h) Podczas gdy ciasta się pieką, przygotuj sos grochowy.
i) Uwodniony groszek umyj z brudu i włóż do rondelka z jedną łyżeczką sody oczyszczonej i bulionem wołowym.
j) Doprowadzić do wrzenia i gotować, aż groszek będzie bardzo miękki.
k) Zmiksuj lub zmiksuj groszek i bulion do konsystencji gęstej zupy.
l) Na talerz nałóż sos groszkowy i połóż na nim gorący placek.
m) Robi cztery ciasta.

84. Polska Kremówka Papieska

SKŁADNIKI
- Krem budyniowy
- 2 szklanki pełnego mleka
- 1/2 łyżeczki ekstraktu waniliowego
- Szczypta soli
- 6 żółtek ubitych
- 3/4 szklanki cukru
- 1/3 szklanki mąki
- Cukier cukierników
- Bita śmietana (opcjonalnie)

INSTRUKCJE

1. Rozgrzej piekarnik do 200°C/400°F
2. Lekko rozwałkuj każdy kawałek ciasta francuskiego i delikatnie podziel każdy arkusz na dziewięć części.
3. Umieść każdy arkusz pomiędzy dwoma arkuszami papieru pergaminowego do pieczenia, umieść go na drucianej kratce i umieść kolejną kratkę chłodzącą do góry nogami na górnym kawałku pergaminu do pieczenia.
4. Ciasto francuskie włóż do piekarnika. Po 15 minutach zdejmij górną kratkę chłodzącą i górną warstwę pergaminu do pieczenia. Piec kolejne 15 minut, aż ciasto francuskie będzie złociste.
5. Wyjmij z piekarnika, usuń drugą warstwę pergaminu i całkowicie ostudź.
6. W średnim rondlu zagotuj mleko, wanilię, sól, żółtka, cukier i mąkę na średnim ogniu, ciągle mieszając trzepaczką drucianą. Zmniejsz nieznacznie ogień i kontynuuj gotowanie przez minutę, ciągle mieszając drewnianą łyżką.
7. Zdejmij patelnię z ognia i zanurz ją w łaźni lodowo-wodnej, aby ostygła.
8. Schłodź krem kremowy. Gdy ciasto będzie zimne, rozsmaruj gęsto krem budyniowy na dolnej warstwie ciasta, a następnie przykryj drugą upieczoną warstwą.
9. Posyp cukrem cukierniczym. Pokrój i podawaj, jeśli chcesz, z bitą śmietaną.

85. Strudel bananowo-orzechowy

SERWUJE 6

SKŁADNIKI
2 łyżki wegańskiej margaryny
1/2 szklanki jasnego brązowego cukru
1 szklanka posiekanych niesolonych orzechów pekan
dojrzałe banany, pokrojone w plasterki
2 łyżki rumu lub 1 łyżeczka ekstraktu rumowego (opcjonalnie)
1/2 łyżeczki mielonego cynamonu
1 arkusz mrożonego ciasta francuskiego, rozmrożonego
Cukier do obtaczania i posypywania ciasta

INSTRUKCJES
a) Na dużej patelni rozpuść margarynę na średnim ogniu. Dodać brązowy cukier i wymieszać do połączenia. Dodaj orzechy pekan i banany i smaż przez 1 minutę, mieszając, aby je pokryć. Dodać rum, jeśli używasz, cynamon i wymieszać do połączenia. Zdjąć z ognia i odstawić do ostygnięcia.
b) Rozwałkuj ciasto francuskie na lekko posypanej cukrem powierzchni roboczej, aby wyeliminować zagniecenia w cieście.
c) Rozsmaruj schłodzoną masę bananową wzdłuż ciasta. Złóż boki ciasta na masę bananową i zawiń końce, zaciskając krawędzie palcami.
d) Połóż strudel na niezatłuszczonej blasze do pieczenia i ostrym nożem wykonaj kilka ukośnych nacięć na wierzchu ciasta, aby umożliwić ujście pary.
e) Posyp strudel odrobiną cukru i wstaw do lodówki na 15 minut. Rozgrzej piekarnik do 400°F.
f) Piec strudel na złoty kolor, od 35 do 40 minut. Schłodzić przez 10 minut. Użyj ząbkowanego noża do chleba, aby pokroić go w plasterki i podawać.

86. Ciasto Gruszkowe i Borówkowe

Porcje: 4

SKŁADNIKI
2 funty słodkich gruszek, wydrążonych, obranych i pokrojonych w plasterki
1/2 funta borówek
3/4 szklanki cukru
2 łyżki skrobi kukurydzianej
2 łyżki masła
1 opakowanie ciasta francuskiego
2 łyżki mleka
2 łyżki cukru

INSTRUKCJE
Ustaw urządzenie do gotowania na 160 stopni F.
Do worka próżniowego włóż pokrojone gruszki, borówki, skrobię kukurydzianą, cukier i masło i ustaw czas gotowania na 1 godzinę 30 minut.
Po upływie tego czasu ostudzić nadzienie do temperatury pokojowej.
W międzyczasie rozgrzej piekarnik do 150 stopni F, natłuść formę do pieczenia i rozwałkuj 1 arkusz ciasta.
Na blachę wylewamy nadzienie, przykrywamy drugim arkuszem, palcami sklejamy brzegi arkuszy.
Piec w nagrzanym piekarniku przez 35 minut.

87. Ciasto Jabłkowo-Cynamonowe

Porcje: 4

SKŁADNIKI
2 funty zielonej, wydrążonej, obranej i pokrojonej w plasterki
3/4 szklanki cukru
2 łyżki skrobi kukurydzianej
2 łyżki masła
2 łyżeczki mielonego cynamonu
1 opakowanie ciasta francuskiego
2 łyżki mleka
2 łyżki cukru

INSTRUKCJE
Rozgrzej łaźnię wodną do 160 stopni F.
Do worka próżniowego włóż pokrojone jabłka, skrobię kukurydzianą, cukier, cynamon i masło i ustaw czas gotowania na 1 godzinę 30 minut.
Po upływie tego czasu ostudzić nadzienie do temperatury pokojowej.
W międzyczasie rozgrzej piekarnik do 150 stopni F, natłuść formę do pieczenia i rozwałkuj 1 arkusz ciasta.
Na blachę wylewamy nadzienie, przykrywamy drugim arkuszem, palcami sklejamy brzegi arkuszy.
Piec w nagrzanym piekarniku przez 35 minut.

88. Ciasto Morelowo-Żurawinowe

Porcje: 4

SKŁADNIKI
2 funty dojrzałych moreli, bez kości, przekrojonych na pół
1/2 funta żurawiny
3/4 szklanki cukru
2 łyżki skrobi kukurydzianej
2 łyżki masła
2 łyżeczki mielonego cynamonu
1 opakowanie ciasta francuskiego
2 łyżki mleka
2 łyżki cukru

INSTRUKCJE
Rozgrzej łaźnię wodną do 160 stopni F.
Do worka próżniowego włóż morele, skrobię kukurydzianą, żurawinę, cukier, cynamon i masło i ustaw czas gotowania na 1 godzinę 30 minut.
Po upływie tego czasu ostudzić nadzienie do temperatury pokojowej.
W międzyczasie rozgrzej piekarnik do 150 stopni F, natłuść formę do pieczenia i rozwałkuj 1 arkusz ciasta.
Na blachę wylewamy nadzienie, przykrywamy drugim arkuszem, palcami sklejamy brzegi arkuszy.
Piec w nagrzanym piekarniku przez 35 minut.

89. Stek i placek cebulowy

SERWUJE 4

2 łyżki oliwy z oliwek

2 x 600 g policzków wołowych z obciętymi ścięgnami
1 duża cebula, pokrojona w krążki
2 ząbki czosnku, zmiażdżone
125 ml czerwonego wina
1 litr bulionu wołowego
2 gałązki rozmarynu
1 opakowanie 320 g (1 arkusz) ciasta francuskiego kupowanego w sklepie
1 mała kostka masła
sól i świeżo zmielony czarny pieprz
1 łodyga selera, pokrojona w drobną kostkę, do dekoracji
liście selera do dekoracji
liście nasturcji do dekoracji

na słodki smak pomidorów

250 g dojrzałych pomidorów
½ czerwonej cebuli, pokrojonej w drobną kostkę
1 łyżeczka oliwy z oliwek

1 ząbek czosnku, pokrojony w drobną kostkę
¼ łyżeczki suszonych płatków chilli
½ łyżeczki koncentratu pomidorowego lub przecieru

1 łyżka brązowego cukru
1 łyżka octu z czerwonego wina

do wędzonej kiszonej cebuli

1 łyżeczka oliwy z oliwek
4 szalotki, przekrojone wzdłuż na pół

125 ml octu jabłkowego
1 łyżka cukru pudru

Aby uzyskać słodki smak pomidorów, za pomocą małego noża natnij płytkie krzyże na spodzie każdego pomidora. Pomidory włożyć do dużej miski, zalać wrzątkiem i odstawić na 30 sekund, po czym od razu przełożyć pomidory do miski z lodowatą wodą. Obierz pomidory i odłóż na bok. Schłodzone pomidory pokroić na ćwiartki, usunąć i wyrzucić wewnętrzne błony i nasiona, a miąższ pokroić na małe kawałki.

Podczas gdy pomidory ochładzają się, postaw średniej wielkości rondelek na średnim ogniu. Dodaj cebulę i oliwę z oliwek i smaż przez 4–6 minut, aż będą miękkie, ale nie zrumienione. Dodaj czosnek i płatki chili i smaż przez kolejną minutę. Dodaj koncentrat pomidorowy lub przecier i mieszaj przez 2 minuty, następnie dodaj cukier i ocet. Dodaj pomidory do rondla i dobrze wymieszaj mieszaninę. Doprowadzić do wrzenia, a następnie zmniejszyć ogień do średnio-niskiego. Gotuj przez 8–10 minut, od czasu do czasu mieszając, aż mieszanina będzie gęsta i lepka. Doprawiamy solą i pieprzem i odstawiamy do lekkiego ostygnięcia.

Po ostygnięciu zmiksuj mieszaninę blenderem ręcznym lub przenieś do blendera i pulsuj, aby uzyskać gładką pastę. Wyjmij i odłóż na bok, aż będzie gotowy do podania.

Aby przygotować wędzoną kwaśną cebulę, włóż oliwę z oliwek do małej patelni i rozgrzej ją na średnim ogniu. Dopraw ją solą. Połóż cebulę, przekrojoną stroną do dołu, w równej warstwie wokół patelni. Gotuj przez 4–6 minut lub do momentu lekkiego zwęglenia, następnie zmniejsz ogień do małego i dodaj ocet i cukier. Przykryj i gotuj na małym ogniu przez kolejne 5 minut, następnie wyłącz ogień i pozostaw cebulę do ostygnięcia w płynie. Odstawić do momentu podania.

90. Chrupki ze szpinakiem i fetą

SKŁADNIKI

1 arkusz ciasta francuskiego, rozmrożonego
1 szklanka świeżego szpinaku, posiekanego
1/2 szklanki pokruszonego sera feta
1/4 szklanki posiekanych suszonych pomidorów
1 jajko, ubite
Sól i pieprz do smaku

INSTRUKCJE

Rozgrzej piekarnik do 400°F (200°C).

Na lekko posypanej mąką powierzchni rozwałkuj ciasto francuskie na grubość około 1/4 cala.

Ciasto francuskie pokroić na 9 równych kwadratów.

W misce wymieszaj szpinak, ser feta, suszone pomidory, sól i pieprz.

Na każdy kwadrat ciasta francuskiego nałóż około 1 łyżkę stołową mieszanki szpinakowej.

Złóż rogi ciasta francuskiego w górę i nad nadzieniem, dociskając krawędzie do siebie, aby je uszczelnić.

Każde ciasto francuskie posmaruj roztrzepanym jajkiem.

Piec przez 15-20 minut, aż uzyska złoty kolor.

Podawać na gorąco.

91. Chrupki z szynką i serem

SKŁADNIKI

1 arkusz ciasta francuskiego, rozmrożonego
1/2 szklanki szynki pokrojonej w kostkę
1/2 szklanki startego sera Cheddar
1 jajko, ubite

INSTRUKCJE

Rozgrzej piekarnik do 400°F (200°C).

Na lekko posypanej mąką powierzchni rozwałkuj ciasto francuskie na grubość około 1/4 cala.

Ciasto francuskie pokroić na 9 równych kwadratów.

W misce wymieszaj pokrojoną w kostkę szynkę i pokruszony ser cheddar.

Na każdy kwadrat ciasta francuskiego nałóż około 1 łyżkę mieszanki szynki i sera.

Złóż rogi ciasta francuskiego w górę i nad nadzieniem, dociskając krawędzie do siebie, aby je uszczelnić.

Każde ciasto francuskie posmaruj roztrzepanym jajkiem.

Piec przez 15-20 minut, aż uzyska złoty kolor.

Podawać na gorąco.

92. Placki Z Pieczarkami I Cebulą

SKŁADNIKI

1 arkusz ciasta francuskiego, rozmrożonego
1 szklanka pokrojonych w plasterki grzybów
1/2 szklanki posiekanej cebuli
1/2 szklanki startego sera szwajcarskiego
1 jajko, ubite
Sól i pieprz do smaku

INSTRUKCJE

Rozgrzej piekarnik do 400°F (200°C).

Na lekko posypanej mąką powierzchni rozwałkuj ciasto francuskie na grubość około 1/4 cala.

Ciasto francuskie pokroić na 9 równych kwadratów.

Na patelni podsmaż grzyby i cebulę, aż zmiękną i lekko się zarumienią.

Na każdy kwadrat ciasta francuskiego nałóż około 1 łyżkę mieszanki grzybów i cebuli.

Posyp startym serem szwajcarskim mieszaninę grzybów i cebuli.

Złóż rogi ciasta francuskiego w górę i nad nadzieniem, dociskając krawędzie do siebie, aby je uszczelnić.

Każde ciasto francuskie posmaruj roztrzepanym jajkiem.

Piec przez 15-20 minut, aż uzyska złoty kolor.

Podawać na gorąco.

93. Obroty Apple

SKŁADNIKI

1 arkusz ciasta francuskiego, rozmrożonego
2 jabłka, obrane i pokrojone w kostkę
1/4 szklanki brązowego cukru
1 łyżeczka cynamonu
1/2 łyżeczki gałki muszkatołowej
1 jajko, ubite

INSTRUKCJE

Rozgrzej piekarnik do 400°F (200°C).
Na lekko posypanej mąką powierzchni rozwałkuj ciasto francuskie na grubość około 1/4 cala.
Ciasto francuskie pokroić na 4 równe kwadraty.
W misce wymieszaj pokrojone w kostkę jabłka, brązowy cukier, cynamon i gałkę muszkatołową.
Na każdy kwadrat ciasta francuskiego nałóż około 1/4 szklanki mieszanki jabłkowej.
Złożyć ciasto francuskie na masę jabłkową, tworząc trójkąt i docisnąć brzegi do siebie, aby je złączyć.
7. Za pomocą widelca dociśnij krawędzie i utwórz dekoracyjny wzór.

Każdy placek posmaruj roztrzepanym jajkiem.

Piec przez 20-25 minut, aż uzyska złoty kolor.

Podawać na ciepło.

94. Tarta Wiśniowo-Pomidorowa

SKŁADNIKI

1 arkusz ciasta francuskiego, rozmrożonego
1 szklanka pomidorków koktajlowych, przekrojonych na połówki
1/2 szklanki pokruszonego koziego sera
1 łyżka oliwy z oliwek
1 łyżka posiekanego świeżego tymianku
Sól i pieprz do smaku

INSTRUKCJE

Rozgrzej piekarnik do 400°F (200°C).

Na lekko posypanej mąką powierzchni rozwałkuj ciasto francuskie na grubość około 1/4 cala.

Ciasto francuskie przekładamy na blachę wyłożoną papierem do pieczenia.

W misce wymieszaj pomidorki koktajlowe, kozi ser, oliwę z oliwek, tymianek, sól i pieprz.

Na ciasto francuskie nałóż mieszaninę pomidorów koktajlowych, pozostawiając 1-calowe marginesy na krawędziach.

Złóż brzegi ciasta francuskiego w górę i nad nadzieniem, dociskając krawędzie do siebie, aby je uszczelnić.

Brzegi ciasta francuskiego posmaruj roztrzepanym jajkiem.

Piecz przez 20-25 minut, aż brzegi będą złotobrązowe, a pomidorki koktajlowe zmiękną.

Podawać na ciepło.

95. Tartaletki z jabłkami i brie

SKŁADNIKI

1 arkusz ciasta francuskiego, rozmrożonego
1 jabłko Granny Smith, pokrojone w cienkie plasterki
4 uncje sera Brie, pokrojonego w cienkie plasterki
2 łyżki miodu
1 łyżka posiekanego świeżego tymianku
Sól i pieprz do smaku

INSTRUKCJE

Rozgrzej piekarnik do 400°F (200°C).

Na lekko posypanej mąką powierzchni rozwałkuj ciasto francuskie na grubość około 1/4 cala.

Ciasto francuskie pokroić na 12 równych kwadratów.

Na wierzchu każdego kwadratu ciasta francuskiego ułóż plasterki jabłka i ser Brie.

Każdą tartaletkę skrop miodem i posyp posiekanym świeżym tymiankiem, solą i pieprzem.

Piec 20-25 minut, aż ciasto będzie złociste, a ser Brie się roztopi.

Podawać na ciepło.

96. Tarta ze szparagami i parmezanem

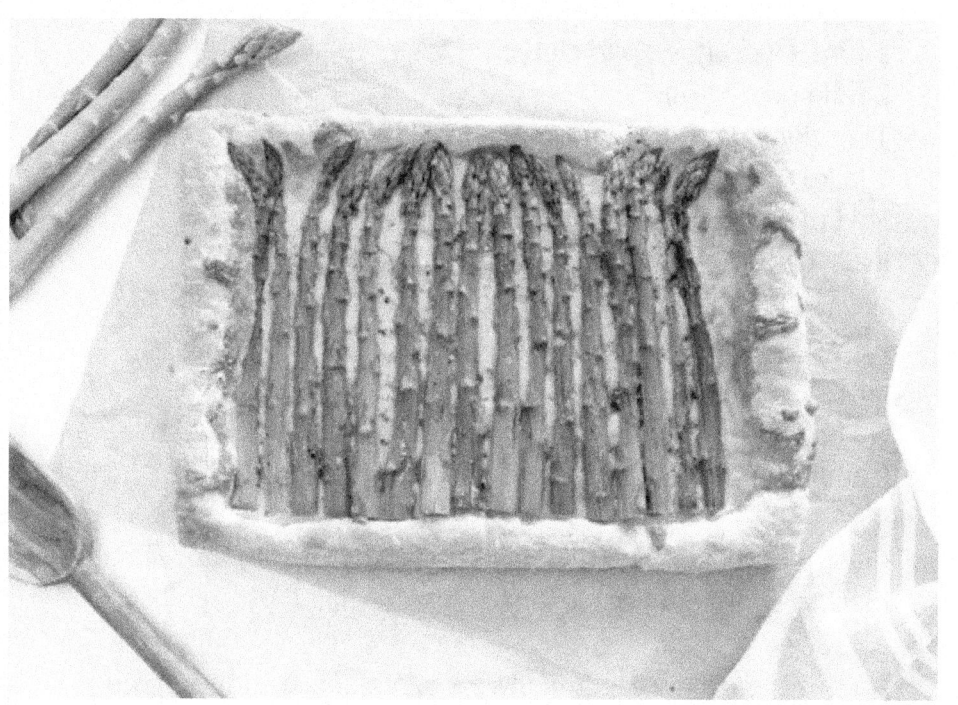

SKŁADNIKI

1 arkusz ciasta francuskiego, rozmrożonego
1 funt szparagów, przyciętych
2 łyżki oliwy z oliwek
1/2 szklanki startego parmezanu
1 jajko, ubite
Sól i pieprz do smaku

INSTRUKCJE

Rozgrzej piekarnik do 400°F (200°C).

Na lekko posypanej mąką powierzchni rozwałkuj ciasto francuskie na grubość około 1/4 cala.

Ciasto francuskie pokroić na kształt prostokąta i ułożyć na blaszce wyłożonej papierem do pieczenia.

Na dużej patelni rozgrzej oliwę z oliwek na średnim ogniu.

Dodać szparagi i smażyć do miękkości, od czasu do czasu mieszając.

Ugotowane szparagi równomiernie rozłóż na cieście francuskim.

Posyp startym parmezanem wierzch szparagów i dopraw solą i pieprzem.

Piec 20-25 minut, aż ciasto będzie złociste, a ser się roztopi.

Podawać na ciepło.

97. Tarta Z Pieczarkami I Kozim Serem

SKŁADNIKI

1 arkusz ciasta francuskiego, rozmrożonego
1 szklanka pokrojonych w plasterki grzybów
4 uncje koziego sera
1 łyżka posiekanego świeżego tymianku
Sól i pieprz do smaku

INSTRUKCJE

Rozgrzej piekarnik do 400°F (200°C).

Na lekko posypanej mąką powierzchni rozwałkuj ciasto francuskie na grubość około 1/4 cala.

Ciasto francuskie pokroić w kształt koła i ułożyć na blasze wyłożonej papierem do pieczenia.

Na wierzchu ciasta francuskiego ułóż plastry grzybów.

Na grzyby pokruszyć kozi ser, posypać posiekanym tymiankiem, solą i pieprzem.

Piec 20-25 minut, aż ciasto będzie złociste, a ser się roztopi.

Podawać na ciepło.

98. Obrót wiśniami i migdałami

SKŁADNIKI

1 arkusz ciasta francuskiego, rozmrożonego
1 szklanka wiśni, wypestkowanych i przekrojonych na pół
1/4 szklanki cukru
1/4 szklanki mąki migdałowej
1 jajko, ubite

INSTRUKCJE

Rozgrzej piekarnik do 400°F (200°C).

Na lekko posypanej mąką powierzchni rozwałkuj ciasto francuskie na grubość około 1/4 cala.

Ciasto francuskie pokroić na 6 równych kwadratów.

W małej misce wymieszaj wiśnie, cukier i mąkę migdałową.

Nałóż masę wiśniową na połowę każdego kwadratu ciasta francuskiego.

Złóż drugą połowę ciasta francuskiego na masę wiśniową i dociśnij brzegi, aby je zamknąć.

Za pomocą widelca dociśnij krawędzie i utwórz dekoracyjny wzór.

Każdy placek posmaruj roztrzepanym jajkiem.

Piec przez 20-25 minut, aż uzyska złoty kolor.

Podawać na ciepło.

99. Tarta z karmelizowaną cebulą i Gruyere

SKŁADNIKI

1 arkusz ciasta francuskiego, rozmrożonego
2 cebule, pokrojone w plasterki
2 łyżki oliwy z oliwek
1 łyżka octu balsamicznego
4 uncje sera Gruyere, startego
1 jajko, ubite
Sól i pieprz do smaku

INSTRUKCJE

Rozgrzej piekarnik do 400°F (200°C).

Na lekko posypanej mąką powierzchni rozwałkuj ciasto francuskie na grubość około 1/4 cala.

Ciasto francuskie pokroić na kształt prostokąta i ułożyć na blaszce wyłożonej papierem do pieczenia.

Na dużej patelni rozgrzej oliwę z oliwek na średnim ogniu.

Dodajemy pokrojoną cebulę i smażymy, aż się karmelizuje, od czasu do czasu mieszając.

Dodaj ocet balsamiczny i gotuj przez kolejną minutę.

Na cieście francuskim równomiernie rozłóż karmelizowaną cebulę.
Posyp startym serem Gruyere na cebuli, dopraw solą i pieprzem.
Piec 20-25 minut, aż ciasto będzie złociste, a ser się roztopi.
Podawać na ciepło.

100. Galette z pesto i pomidorami

Składniki:

1 1/4 szklanki mąki uniwersalnej
1/4 łyżeczki soli
1/2 szklanki zimnego, niesolonego masła, pokrojonego na małe kawałki
3-4 łyżki wody z lodem
1/3 szklanki pesto bazyliowego
1/2 szklanki pomidorków cherry, przekrojonych na połówki
1/4 szklanki pokruszonego sera feta
1 jajko, ubite

Instrukcje:

Rozgrzej piekarnik do 190°C (375°F).

W średniej misce wymieszaj mąkę i sól. Dodaj masło i za pomocą noża do ciasta lub palców mieszaj, aż mieszanina będzie przypominać gruby piasek.

Stopniowo dodawaj wodę z lodem, 1 łyżkę stołową na raz i mieszaj, aż ciasto połączy się w kulę.

Na posypanej mąką powierzchni rozwałkuj ciasto na okrąg o średnicy około 12 cali.

Rozsmaruj pesto na środku ciasta, pozostawiając około 2-centymetrowy margines wokół krawędzi.

Na pesto ułóż połówki pomidorków koktajlowych i posyp pokruszonym serem feta.

Zawiń brzegi ciasta w górę i nad nadzieniem, zaginając je w miarę upływu czasu.

Posmaruj roztrzepanym jajkiem odsłonięte ciasto.

Piec przez 35-40 minut, aż skórka będzie złotobrązowa.

Przed pokrojeniem i podaniem galette odczekaj kilka minut, aż ostygnie.

WNIOSEK

Ciasto francuskie to wspaniały składnik, który można wykorzystać w wielu przepisach. Niezależnie od tego, czy przygotowujesz dania na słodko, czy na słono, ciasto francuskie dodaje pysznej chrupiącej i łuszczącej się konsystencji, której trudno się oprzeć. Chociaż przygotowanie ciasta francuskiego od podstaw może być nieco czasochłonne, rezultaty są tego warte.

Mamy nadzieję, że dzięki przepisom i wskazówkom, które zamieściliśmy, poczujesz się na tyle pewnie, że spróbujesz przygotować własne ciasto francuskie w domu. Po opanowaniu tej techniki będziesz mógł eksperymentować z różnymi smakami i nadzieniami, aby stworzyć własne, niepowtarzalne dania. Więc śmiało, spróbuj – jesteśmy pewni, że pokochasz rezultaty!

www.ingramcontent.com/pod-product-compliance
Lightning Source LLC
LaVergne TN
LVHW021701060526
838200LV00050B/2454